바보의사 박인숙의
끝나지 않은 성장통 이야기

바보의사 박인숙의
끝나지 않은 성장통 이야기

초판 1쇄 발행 2012년 9월 5일
초판 2쇄 발행 2013년 2월 15일

–

지은이 박인숙
펴낸이 이방원
편 집 김명희 · 안효희 · 조환열 · 강윤경
디자인 박선옥 · 손경화
마케팅 최성수

–

펴낸곳 세창미디어
출판신고 1998년 1월 12일 제300-1998-3호
주소 120-050 서울시 서대문구 냉천동 182 냉천빌딩 4층
전화 02-723-8660
팩스 02-720-4579
이메일 sc1992@empal.com
홈페이지 http://www.scpc.co.kr

–

ISBN 978-89-5586-153-2 03300

이 도서의 국립중앙도서관 출판시도서목록(CIP)은 e-CIP 홈페이지(http://www.nl.go.kr/ecip)와
국가자료공동목록시스템(http://www.nl.go.kr/kolisnet)에서 이용하실 수 있습니다.
(CIP제어번호: CIP2012003905)

바보의사 박인숙의

끝나지 않은 성장통 이야기

박인숙 지음

세창미디어

이 책은 2004년부터 신문과 잡지에 기고했던 글을 모아 『바보의사 박인숙의 끝나지 않은 성장통 이야기』로 발행했던 것을 약간의 수정과 첨가를 거쳐 재편집한 것임을 밝힌다.

추천의 글

서지문(고려대학교 영어영문학과 교수)

박인숙 교수의 글 모음을 읽어 본 첫 소감은 정말 재미있는 책이라는 것이다. 문학적 기교라고는 거의 없는 글들이 이렇게 재미있을 수 있다는 사실이 놀랍다. 문학적 기교는 없지만, 이 글들에는 유머와 아이러니, 풍부한 상식, 적절하고 효과적인 비유가 알맞은 양념 역할을 한다. 그리고 이 책의 힘과 재미는 무엇보다도 우리의 눈을 뜨게 해주는 내용과 강력한 메시지에 기인하는 것이다. 또한 우리가 막연히 알고 느껴왔던 바이지만 확실히 그리고 상세하게는 몰랐던 우리나라 의료체계의 여러 부조리와 모순, 그리고 의료인의 자질과 훈련의 문제 등 의술의 이용자인 모든 국민에게 큰 관심과 우려의 대상이 아닐 수 없는 사안에 대한 충격적인 발견과 그에 대한 박 교수의 분노에 공감하면서 박 교수가 제시한 해결책과 대안에 찬성하고 기대하게 되는 데서 오는 것이다.

박 교수와 안면이 없는 독자는 물론이겠거니와 박 교수를 어느 정도 아는 독자에게도 이 책을 통해 알게 되는 박 교수는 참으로 놀랍고 흥미로운 여성이다. 우등생이 성장해서 명의가 된 것은 그리 놀랍지 않은 이야기일 수 있지만, 그 명의가 고교 시절 교내 콩쿠르에서 1등을 차지했을 정도로 뛰어난 피아니스트였다면 이미 비범한 천재에 속한다. 그런 사람이 환자들을 헌신적으로 돌보는 한편 자신이 봉직하는 의대의 학장직에 도전해서 모든 예상을 깨고 당선되어 그 병원의 의료체계 합리화에 적극적으로 힘썼고, 국제학회에서도 적극적으로 활동하면서 한국 의료계와 세계 의료계의 친선·교류를 돕고 세계적인 학회를 유치하기도 하고, 해외의료봉사·저개발국 환자 초빙수술 등 국제적인 봉사활동에도 적극적이며, 또한 한국여의사회 부회장·차기회장으로 한국의료계의 여러 부조리·폐단을 시정하기 위한 수많은 투쟁을 하고 업적을 이룩했다면 진실로 슈퍼우먼이라 아니할 수 없을 것이다. 아니, '슈퍼우먼'이라는 말은 너무 흔하고 속된 말이 되어서 박 교수 같은 투철한 도덕적 소신과 사심 없는 의욕과 실행의지의 여성을 묘사하는 데 부적절한 말이라고 생각한다. 나는 박 교수가 잔 다르크 같은 여전사가 아닌가 생각한다.

그런데 나에게 제일 놀라운 것은 이렇게 여러 개의 우승컵을 거머쥔 박인숙 교수가 내가 이제껏 만난 사람 중에서 거의 유일하게 '내숭'이 전혀 없는 사람이라는 것이다. '내숭이 없다'는 것은 아마

어떤 말이나 일을 다른 효과를 위해서, 어떤 속셈을 가지고 하지 않고 순수하게 그 자체를 위해서 하는 사람이 주는 인상일 것이다. 이것이 특히 엘리트라는 사람에게 얼마나 드물고 귀한 자질인가는 구태여 설명할 필요 없이 모두 다 직관적으로, 경험적으로 아는 사실이다. '내숭'이 없기 때문에 박 교수는 언제나 시원시원하다. 나는 박 교수의 이 '내숭 없음'이 그의 많은 활동과 업적의 비결이라고 믿어 마지않는다. 자신이 해야 할 일이라고 생각되면 그냥 하고, 도와야 할 곳은 그냥 돕고, 싸워야 할 대상이면 누구든 그냥 싸우기 때문에 그 많은 일을 할 수 있었을 것이다. 박 교수는 2010년 2월의 캄보디아 의료봉사와 강의를 시작으로 3월 런던, 애틀랜타, 5월 토론토, 런던, 7월 도쿄, 독일, 네덜란드, 9월 상하이, 10월 뭄바이, 오사카, 11월 시카고에서의 최종 발표, 그리고 마지막으로 12월에 이집트 카이로에 다녀왔다. 1년 사이 12번 여행에 강의만 8번 하고 수많은 사람을 만나면서 "세계소아심장학회의"의 서울 유치를 설득하고 다녔다. 그래도 친구들과 만나면 자신의 활약에 대한 자랑이나 불평보다는 영화나 책, 음악회 이야기를 즐겨 한다.

우리나라의 의료계를 양분하고 있어서 서로의 치료를 돕고 효과를 상승시키는 대신 자주 서로의 진료에 걸림돌이 되는 현대의학과 한의학을 통합하려고 하기보다 한의학 대학원을 설립해서 의료 양분화를 심화하려는 정책에 대해, 부족한 군의관의 자질을 해결하기 위해서 국방의료원을 설립해서 전문 군의관을 양산하자는 너무도 근시안적이며 군인을 위한 의료의 질을 저하시키는 정책에 대해, 그리고 '거짓막잘록창자염'이니 '깔때기콩팥염'이니 하는, 아무도 들어서 이해할 수 없는 한글의학용어 사용을 의학도들에게 부과하는 '민족주의적' 정책 등에 대한 박 교수의 개탄과 대안 제시는 정책입안자들뿐 아니라 우리 의료계에 건강과 생명을 의탁하고 있는 국민 모두가 귀 기울이고 적극 성원해야 할 일이다. 의료인의 통계가 없어서 환자들이 의사에 대한 정보를 알 수 없는 실정에 대해 의료인 면허 갱신제를 주창하고, 이과반 학생들이 모두 의대로 쏠리는 이공계 공동현상은 우리나라 과학기술의 장래를 위해서뿐 아니라 의학의 발전을 위해서도 시정되어야 하므로 낭비되는 국가재정을 이공계 강화를 위해 사용하자는 박 교수의 주장, 그리고 의사의 인성교육이 절대적으로 부족한 우리의 현실에서 의료인의 인성교육과 윤리교육을 필수로 하자는 제안, 입학성적은 우월하지만 출산과 육아의 애로와 의료계의 남성중심체제로 인해 중도포기가 많은 여성의료인의 육성과 발전을 위한 제안, 그리고 저개발국 의료봉사를 통해서 우리 의료진이 미래의 세계적 의료체계를 넓고 멀리 바라보는 안목을 육성할 필요 등 박 교수의 지혜와 통찰과 국민건강을 위한 염원이 담긴 제안이 모두 의료계의 발전을 위해서뿐 아니라 우리 사회의 사고방식과 관행에 중대한 시사점을 갖는 것으로 우리 모두 깊이 숙고하고 지원할 필요가 있는 것이다.

의료체계의 제반 부조리와 제 역할을 못하고 의사의 품격을 떨어뜨리는 대한의사협회의 제 문제점, 그리고 의료현실을 전혀 모르면서 전쟁터에 가본 적도 없는 지휘관이 일선에서 싸우는 군인들에게 작전명령을 내리듯이 '한 건 주의'로 진료행정을 감시하고 제한하는 정책을 상정하는 국회의원들에 대한 분통은 박인숙 교수가 왜 그렇게 의료개혁을 절체절명의 과제로 삼고 팔 걷고 나서는가를 잘 이해하게 해 준다. 그리고 박 교수가 제시하는 해결책과 대안은, 정말 이렇게 명백하고 합리적이고 속 시원한 해결책이 있는데 아직도 이런 부조리가 계속되고 있다는 데 대한 통탄을 금할 수 없게 한다.

박 교수는 울산대 의대 학장에 출마할 때 '뒤에서 불평만 하다 은퇴하면 창피할 것 같아서' 당시에 당선가능성 제로였지만 출사표를 내걸고 방과 후에 연구실로 전화해서 전화를 받는 교수는 적대적이건 우호적이건 간에 모두 400명 가운데 350명을 만나서 고쳐야 할 병원의 여러 현안에 대해 의논을 한 결과 61.4%라는 압도적인 지지로 당선되었다. 박 교수가 학장으로서 한 '울산의대 히포크라테스 선서식 축사' 등은 정말 감동적이고 훌륭한 의료인의 전범을 보여주는 글이다. 또 박 교수가 환자들을 고쳐주며, 병이 나은 환자들이 정상적 사회인으로 성장하기를 애타게 기원하며 쓴 글들 역시 절절한 감동을 준다. "죽음의 문턱까지 갔다 온 아기가 어느덧 건강한 청년이 되어 병사용 진단서를 써달라고 왔을 때, 온몸이 새파랗던 아이가 수술 후 아름다운 분홍빛으로 바뀐 것을 볼 때, 숨쉬기조차 힘들어서 가슴을 팔락거리고 우유도 먹지 못하던 아이가 수술 후 토실토실해져서 왔을 때, 말로 표현하기 어려울 정도로 기쁨과 보람을 느끼게 된다. 그리고 이러한 뿌듯함 때문에 모든 어려운 상황을 견딜 수 있게 되는 것 같다." 이런 의사로서의 고백에서 박 교수의 인간적인 면모를 가장 가깝게 느낄 수 있다.

박 교수의 삶은 여러 면에서 축복받은 삶이었다. 그러나 박 교수가 자전적 글에 썼듯이 고통과 상실이 없었던 삶은 아니고, 무엇보다도 박 교수만큼 열심히 일하고 끊임없이 활동한 사람도 없지 않은가 한다. 어릴 적부터 익힌 피아노 실력은 이순의 나이를 넘긴 지금까지 인생의 벗이요 위안이 되었고 또 친선음악회, 자선음악회를 조직해서 환자들을 위로하고 돕는 데 짭짤하게 활용하고 있다. 여러 국내, 국제 의학학회, 단체에서의 활동은 말할 것도 없지만, 한국 음악협회 명예이사이기도 하고, 몽골의 바양노르솜 호수 복원사업 시민연대 공동대표이기도 하다. 책에 실린 여러 컷의 아름다운 사진은 박 교수의 사진실력과 함께 자연에 대한 사랑을 잘 보여주고 있고, 그의 여러 자선단체 관여, 해외의료봉사, 해외환자 초빙수술, 그리고 아산병원의 소아심장 환자를 위한 홈페이지 운영 등은 박 교수가 얼마나 몸을 아끼지 않고 자신이 할 수 있는 모든 일을 하는가를 보여준다. 그리고 박 교수의 독후감과 영화 감상기 역시 박 교수의 슈퍼우먼 적인 에너지와 함께 평범한 문화애호가로서의 면모를 잘 보여준다.

박 교수는 '병만 고치는 의사는 소의, 사람을 고치는 의사는 중의, 사회를 고치는 의사는 대의'라는 말을 정말 좋아하는 것 같다. 모쪼록 박 교수가 그간의 여러 활동을 기초로 얻은 현장감과 통찰력, 그리고 지혜를 우리나라 의료계를 정화·개혁하고 우리 국민건강을 위해 십분 활용·발휘할 수 있는 활동 영역을 얻게 되기 염원하고, 이 재미있고 알찬 내용의 책이 그의 희망과 구상을 온 국민에게 알려서 모든 국민을 그의 앞으로의 활동을 위한 원군으로 끌어들이는 계기가 되기를 바라마지 않는다.

2011년 8월

추천의 글

소아과 의사에서 사회 의사까지

김병종(화가, 서울대학교 미술대학교수)

박인숙 선생님은 의사다. 아주 유능한 의사다. 그리고 씩씩하다. 임상이나 연구에서도 씩씩하고 일상의 삶에서도 씩씩하다. 걸음걸이마저 씩씩하다. 그 씩씩한 보폭으로 본업인 의학 분야뿐 아니라 그 인접 혹은 방계영역 깊숙한 곳까지 힘차게 걷는다. 그런데 그이가 걷다가 멈춰 서서 응시하는 곳에는 필경 우리가 함께 보아야 할 어떤 시선이나 상황이 도사리고 있다. 이런 상황이나 사건에 직면할 경우에 그이는 메스 대신 펜을 든다. 아니 컴퓨터의 자판을 두들기는 거겠지. 그이의 필력은 미시적인 데서 거시적인 데 이르기까지 다양한 분야를 건드리고 있다. 어떤 부분에서는 여성적인 섬세함이 드러나기도 하지만 다른 어떤 부분에서는 일전불사의 장검을 휘두르기도 한다. 이럴 경우 그이의 자판이 요란하게 난타당할 것을 쉽게 상상할 수 있다. 서슬 퍼런 글발에서는 분노의 호흡이 그대로 느껴질 정도인 것이다. 그 고운 모습 어디에서 저토록 거센 에너지가 뿜어져 나올 수 있는 것인지, 글을 읽으며 속으로 감탄하곤 한다. 그런 면에서 그이는 참 의기(義氣)가 강한 의사이다. 나쁜 바이러스가 몸에 침투해 벌여놓은 짓거리들을 못 견디고 찾아내 도려내듯이 우리 사회의 곪고 터진 환부마다 메스를 들고 싶어 하는 것이다. 어찌 보면 이런 의사라야 전인적 의사가 아닌가 싶다. 개인의 질병이나 미약 상태의 상당 부분을 거슬러 올라가다 보면 그 개인이 처한 사회의 한 구조적 어두움이나 악의 부분과 연결될 수 있기 때문이다. 루쉰 같은 의사가 사회를 고치는 혁명가의 길로 나섰던 것이나 의학박사 체게바라가 역시 의사의 길을 접고 혁명의 길을 걷게 된 것도 그런 연장선상에서 이해할 수 있을 것이다. 하지만, 우리의 의사 박인숙은 대부분 사적 비전의 의기를 공적 논리화하고 있을 뿐이다. 그이가 멈춰서 응시하는 부분도 사회 전체의 구조적 거악과 같은 것이라기보다는 인습과 폐단으로 굳어진 작은 부분들이 많다. 시인 김수영은 "왜 나는 작은 일에만 분노하는가"라는 자탄 섞인 시를 썼지만, 어찌 보면 큰 일에 분노하는 사람은 많아도 작은 일의 불합리와 폐단에 대해 목소리를 높이는 사람은 의외로 적기 때문에 이 또한 소중하다 아니 할 수 없다.

가끔 그이의 의기는 원고지 바깥으로 튕겨져 나오기도 하는데 이런 경우 나는 귀동냥으로나마 의학이나 의사동네 혹은 그와 관련된 국가체계의 한 부분에 대해 알 수 있게 된다. 예를 들면 식사를 하다가 어떤 사안에 대해 설명하고 의견을 묻는 경우, 그이는 문외한이라도 '아, 그렇구나!' 하고 느낄 수 있도록 설명해준다. 이때 씩씩한 인숙씨는 어느새 친절한 소아과 의사 인숙씨로 돌아와 있다. 어떤 사안에 대한 토의나 의견조회가 끝나고 나면 곧바로 자상하고 섬세하며 거기다 수줍음 많은 여자로 돌아오는 것이다.

언젠가 식사자리에서 내가 "학교 때 줄창 수석만 한 것 아니에요? 공부만 파고드는 범생은 별론데…." 하고 농담을 했더니 "아니에요, 절대 그렇지 않아요. 수석만 한 게 아니에요." 하고 금세 얼굴이 빨개지는 것이었다. 그 모습이 재미있어서 짐짓 "뭘 그러세요. 나 모범생, 나 수재 하고 얼굴에 써 있는데." 했더니 공부 잘했다는 혐의를 벗어나려는 듯 연신 손사래를 치며 "아니에요, 아니에요, 난 아니에요." 하는 모습이 우스워 그만 좌중이 파안하고 말았던 것이다. 과연 의사 박인숙은 세상과 담쌓고 연구와 임상에만 골몰하는 범생이가 아니었다. 불의한 곳에는 헛발질이라도 내지르고 싶어 하는 강한 의사였다. 하지만, 마음이 여리기로 말하면 의사 박인숙 같은 이도 드물 것이다. 특히 그 '여림'의 의미가 소녀적 감성에서가 아닌 우리 사회의 아프고 그늘진 곳을 향할 때 더 선명하게 드러나는 것이다. 바쁜 중에서도 나라 안팎의 불우 시설들이나 환자보호소 같은 곳을 빠지지 않고 돌아보는 것도 그런 맥락에서 일 것이다.

이 또한 전인적 의사가 갖추어야 할 미덕의 하나가 아닐까 싶다. 환자의 고통에 동참하고 싶은 마음, 특별히 불우한 환자의 아픔과 슬픔에 공명하고 싶어 하는 마음이 없이도 좋은 의사가 되리라고는 믿고 싶지 않기 때문이다. 언젠가 박인숙 선생과 몇 사람이서 제법 긴 시간 동안 함께 여행을 한 적이 있다. 영국의 콧츠 월드 쪽이라고 기억되는데 작고 예쁜 선물가게에서 물건을 고르는 박 선생과 부딪치곤 했다. 그이는 물건을 고르고 나면 “김 선생, 이건 어때요?” 하고 내게 묻곤 했다. 명색이 화가이니 미적 안목에서 당신이 나보다 낫지 않겠냐는 생각에서였을 것이다. “이게 예쁘네요.” 하고 골라 드리면 “정말 이쁘네.” 하고 소녀처럼 좋아하는 것이었다. 그러다 한 가게에서 연두바탕에 하얀 양이 그려진 쇼핑백 하나를 골라 버스에 올랐는데 뒷좌석의 내 아내가 보고 “어머 너무 예쁘다.”를 연발하는 것이었다. 처음엔 “그래요?” 하던 박 선생도 “예쁘다, 너무 예쁘다.”를 연발하는 아내 앞에 배겨내지를 못했다. 잠시 고민에 빠지던 박 선생은 이내 “정 선생, 이거 정 선생이 가져.” 하는 것이었다. 아내는 “주셔도 되겠어요? 고맙습니다.” 하고 얼른 그 쇼핑한 물건을 받는 것이 아닌가.

짧은 순간 이 두 여인의 주고받는 손을 보면서 나는 벌린 입을 다물 수가 없었다. 몇 번이나 고르고 골랐던 물건을 선뜻 놓아버리는 손과 그 물건을 얼른 받아 챙기는 손이라니. 웃자고 하는 얘기지만, 이 짧은 소화(笑話)의 한 대목을 가지고서도 의사 박인숙의 담백한 성품과 따뜻한 마음씨가 읽혀지는 것이다.

이번의 책은 그이가 세상을 향해 쏘아댄 글의 화살이다. 화살인 만큼 부드럽지 않다. 부드럽기는커녕 아프게 내리꽂히는 대목들이 많다. 글의 성격상 어쩔 수 없는 것이지만 미문(美文)도 아니고 감각적인 재미가 있지도 않다. 하지만 읽는 중에 고개가 끄덕여지는 대목, 한숨을 내쉬게 되는 대목이 많다. 그이의 글을 읽으면서 나는 스스로 계몽되는 부분들이 생겨남을 느낄 수 있었다. 의학과 관련되어 계몽돼야 할 나 같은 문외한들에게 특히 일독을 권하고 싶다.

2011년 10월

개정판을 내며

『바보의사 박인숙의 끝나지 않은 성장통 이야기』 첫 판이 출간된 지 벌써 일 년이 다 되어 간다. 국회의원으로 당선된 지 이제 4개월 지났고 그 4개월이 마치 4년처럼 느껴질 정도로 참으로 많은 변화가 일어났다. 많은 사람을 만나서 셀 수없이 많은 악수를 했다. 이제껏 세상에서 내가 제일 바쁜 사람이라고 생각했는데 국회의원이 되고 보니 바쁜 수위가 상상을 초월할 정도이다. 부풀려서 말하자면 분 단위로 시간을 쪼개서 쓰고 있다. 이제껏 국회의원에 대한 선입견이 많은 부분 틀리기도 하고 일부 맞기도 하다는 것을 깨달으면서 생소한 분위기에서 많은 일을 몸으로 느끼고 부딪치며 배우고 있다.

그런데 국회의원이라는 것이 한마디로 그다지 고상한 직업은 아닌 것 같다(사실 의사라는 직업도 마찬가지다). 우아하지 않은 것은 물론 아예 막노동, 육체노동, 중노동이라는 생각조차 든다.

원래는 국회에서 보고 느낀 점과 색다른 이야기들을 묶어서 다른

국회 윤리특별위원회 전체회의

책을 내려고 계획하였다. 그러나 먼저 출판된 『바보의사 박인숙의 끝나지 않은 성장통 이야기』의 재고가 떨어졌고, 무엇보다도 빼곡하게 들어찬 글씨로 인해 읽기 힘들다는 지적이 있어서 기왕에 다시 인쇄하는 김에 내용을 다듬고 읽기 쉽도록 개정판을 만들었다.

친숙했던 의료계를 떠나 다소 낯선 환경에서 일하면서 만나게 되는 많은 분에게 (꼭 그럴 필요가 있는지는 모르겠으나) 내가 살아온 길, 나의 생각, 철학, 윤리관, 주장을 알리는 데에 이 책이 도움이 될 것으로 판단되어 부끄러움을 무릅쓰고 개정판을 낸다.

바보의사 박인숙의 성장통 이야기는 끝나지 않을 것 같다.

여의도 의원회관에서

2012년 9월 3일 박인숙

책을 시작하며

내가 쓴 글들을 모아 책으로 펴낸다는 것은 몇 년 전까지만 해도 상상도 못 할 일이었다. 학창 시절 국어는 내가 가장 못하는 과목으로 평균 점수를 까먹는 과목이었다. 고등학교 시절 같이 몰려다니던 친구들이 『좁은 문』, 『카라마조프의 형제들』, 『죄와 벌』 같은 어려운(?) 소설들을 읽고 와서 열띤 토론을 할 때면 이런 책들을 읽지 않은 나는 열등감을 느꼈고 궁금해서 나중에 슬그머니 읽어보곤 했다. 사실 그 시절 이런 책들을 읽을 것인지, 아니면 영어학원에 갈지의 선택을 놓고 고민하곤 했다. 주말만 되면 논문을 쓸지, 영어 교과서를 쓸지, 아니면 의료나 사회 문제에 대한 글을 쓸지, 소설책을 읽을지, 피아노 연습을 할지, 영화를 볼지, 친구를 만날지, 아니면 그냥 실컷 낮잠을 잘지, 이 많은 선택 중 무엇을 할지를 놓고 매번 고민하는 지금의 모습과도 같다(대개는 이런 고민은 잠깐이고 어영부영하다가 '개콘'을 보는 것을 끝으로 주말을 마무리하기 십상이다).

어릴 때 남과 다툴 일이 있으면 상대방 앞에서는 아무 말도 못 하고 씩씩대기만 하곤 밤에 잠들기 전에 하나하나 곱씹어보다가 멋있는 대꾸가 생각나면 즉석에서 바로 대응하지 못한 데 대하여 속상해하곤 했다. 지금의 나의 글쓰기도 이와 같은 맥락으로 볼 수 있다. 모자라는 능력과 턱없이 부족한 시간에 오만가지 세상일들에 대한 나의 의견을 글로 써서 남들에게 알릴 필요는 전혀 없고 물론 누가 쓰라고 강요한 적도 없다. 그럼에도 '못 말리는' 성격 탓에 세상 모든 비상식, 불의, 부정, 부패, '불쌍한 사람들의 억울한 사연'들을 알게 되면 울분을 참지 못해 어떤 방식으로든 이를 발산해 버려야 마음이 편해진다. 게다가 좋은 영화나 책을 보거나 여행을 하고 나면 (물론 남들이 물어보지 않는데도) 꼭 이런 것들을 남들에게 알려주어야 한다는 이상한 강박관념도 나의 글쓰기에 한몫하고 있다. 그런데 말로 떠들다 보면 실언을 하기도 하고 이로 인한 후유증도 여러 번 겪으면서 말은 가능한 삼가는 게 좋다는 결론에 이르렀다. 그런데 어떤 문제에 대하여 가장 머리가 끓는 시점에 그 내용을 글로 정리하다 보면 마음이 가라앉으면서 해결방안도 생각나고 복잡한 문제들이 지우개로 지우듯이 머리에서 사라지면서 마음이 편해진다. 다시 말하자면 글쓰기가 일종의 나의 스트레스 해소법인 셈이다. 게다가 이런 글들을 통한 나의 주장이 문제 해결에 미미하게나마 실제로 도움이 되는 일도 간혹 생기는 것 같아 보람도 느끼고 있다.

송파구 풍납동 서울아산병원 14층 연구실에서 내려다본 한강, 아차산, 풍납토성

정리하다 보니 꽤 많은 글이 모였고 나 자신 울렁증을 느낄 정도로 산만하다는 느낌이 든다. 또한, 몇 년 전에 쓴 일부 글들은 지금 상황으로 보면 다소 어색한 느낌이 들기도 한다. 그러나 나 스스로 지나간 일생을 객관적이고 다소 성숙한(?) 눈으로 되돌아보면서 이제 나와 나의 가족, 선천성 심장병 환자뿐 아니라 국가와 사회를 위하여 봉사하는 '인생 이모작'을 준비하는 데 꼭 필요하다는 생각에 부끄러움을 무릅쓰고 발간하게 되었다.

모쪼록 여기 실린 글들로 말미암아 이 세상이 조금이라도 더 살기 좋게 변할 수 있다면 이 책 한 권을 만드느라 온몸을 아낌없이 내어준 나무들과 소중한 시간을 내어 이 책을 읽으시는 분들께 덜 미안하겠다.

아름다운 한강과 아차산이 보이는 풍납동 연구실에서

2011년 10월 박인숙

차 례

제3장 의료일원화는 밥그릇 빼앗기인가?

제4장 이공계 살리기

제5장 히포크라테스의 귀환을 꿈꾸며

제9장 세계학회 유치

제10장 인구의 절반은 여자

제11장 끝나지 않은 성장통 이야기

제1장

국회의원

국회의원이 된 소감을 물으면 "최상의 조건이 잘 갖추어진 온실 속에서만 살다가 맹수가 우글거리는 광야로 나왔다."라는 표현을 자주 쓰곤 한다. 나 자신 놀랄 정도로 변신을 거듭하는 것이 급변한 외부 환경에 적응하기 위한 필수과정인 셈이다.

– 박인숙 글 "국회의원은 하루 24시간, 1년 365일 언제나 당직" 중에서

국회의원은 하루 24시간, 1년 365일 언제나 당직

이제 당선된 지 꼭 2달, 공천 받으면서 정치인으로 변신한 지 꼭 3달이 지났고 그동안 참으로 많은 변화가 있었다. 국회의원이 된 소감을 물으면 "최상의 조건이 잘 갖추어진 온실 속에서만 살다가 맹수가 우글거리는 광야로 나왔다."라는 표현을 자주 쓰곤 한다. 나 자신 놀랄 정도로 변신을 거듭하는 것이 급변한 외부 환경에 적응하기 위한 필수과정인 셈이다.

전에는 정치인들, 특히 국회의원들에 대한 비난에 '마음 편하게' 가세하곤 하였다. 그러나 막상 당선되어 국회 울타리 안으로 들어와 보니 이제껏 생각했던 것들과 국회 안에서 일어나는 일들이 너무나 다르다는 것을 깨달으면서 과거에 무심코 했던 비난들에 많은 오류가 있었음을 알게 되었다. 무식한 표현이지만 국회의원 업무를 한마디로 표현하자면 정신노동과 육체노동 모두를 포함한 "중노동도 이런 중노동이 없다."라는 말로 압축할 수 있다.

4월 11일 당선 이후 나라를 바르게 이끌기 위한 법과 제도를 빨리 잘 만들어야 한다는 강박관념에 한시도 긴장을 늦출 수 없다. 그러나 의원 본연의 업무인 국회의 각종 회의와 행사뿐 아니라, 이런 일들 사이사이에 지역구와 각 직능단체 행사에 참석해서 축사를 하면서 '자리를 빛내주고' 지역 학교와 주민을 방문하다 보면 정말 꼭 필요한 공부를 할 시간이 부족한 것이 가장 안타까운 점이다. 이제껏 해오던 공부와는 매우 다른, 정부와 국회조직, 그리고 헌법을 충분히 숙지해야 하고 300명에 이르는 동료 국회의원들과 수많은 중앙과 지역의 당직자들을 파악하고, 지난 18대 국회에서 해결하지 못한 6천 개가 넘는 미결 법안, 그리고 이제껏 구상했던 교육계·과학계·의료계·여성계 등의 산적한 문제들을 개선하기 위한 새 법안들, 매일 들어오는 소소하지만 그렇다고 무시할 수도 없는 지역 민원, 게다가 지난 10여 년이라는 긴 세월로도 해결되지 못한 초대형 지역 민원들 등등, 이런 엄청난 숙제들로 머리가 터질 것만 같다. 물론 하루아침에 해결될 일들은 아니지만 하나하나 그 내용을 들여다보면 바로 지금 이 순간에도 주민과 국민이 고통과 불편을 겪고 있는 사안들이라 하루빨리 해결하고 싶은 마음 간절하다.

시간은 공평하게 누구에게나 24시간만 주어졌으니 잠을 줄이는 수밖에 없지만 4년이라는 장기전에 대비하여 몸과 마음을 건강하게 유지하려면 건강 수면을 너무 많이 희생할 수도 없는 노릇이다. 7명의 보좌진, 2명의 인턴, 2명의 후원회 직원, 시의원, 구의원, 그리고 당원들이 국회의원과 합심하여 꼭 필요한 법안을 만들고 지역 민원을 함께 해결해야 하겠지만 국회의원 자신이 내용을 충분히 파악하지 못하면 법안이고 민원이고 절대 제대로 처리될 수 없다는 것은 너무나 자명한 일이다.

시간이 없다고 불평이 나올 때마다 "너무 바빠서 할 일을 못 한다는 것은 우선순위를 잘못 정한 것이다."라고 어떤 지인이 오래전에 한 말이 항상 머리를 맴돌면서 나 자신을 되돌아보곤 하였다. 지금 내 머리를 꽉 채우고 있는 일들도 결국 우선순위를 잘 정하고 시간관리를 잘하는 것이 가장 현명한 해결방법일 것이다. 단 그 우선순위를 올바르게 정하는 지혜가 내 머리에 충만하도록 기도를 드린다.

〈의협신문〉 2012년 6월 15일

위대한 국민의 힘!

이번 지방 선거뿐 아니라 지난 수년간 치러진 지방선거, 총선, 대선을 보면서 그 중 어떤 선거에서는 그 결과가 이해되지 않았다. 그러나 지금 뒤돌아보면 우리나라 국민들이 참으로 절묘한, 그리고 현명한 선택을 했구나, 어쩜 그렇게도 민심이 한 치의 오차 없이 정확하게 드러나게 되었을까 감탄하면서 우리나라 국민의 위대함을, 그리고 정치권에 대한 국민의 준엄한 심판을 다시 한 번 확인하게 되었다. 우리나라 역사를 보더라도 위대한 지도자들도 물론 있었으나 그보다 더 중요한 힘의 원천은 일반 백성에게서 나왔다는 사실을 누구나 인정할 것이다. 그런데 이번에도 국민이 정치권의 잘잘못을, 그리고 민심의 도도한 흐름을 정확한 수치로 보여준 것을 보고 새삼 세상 이치의 오묘함이 경이롭다는 생각마저 들었다.

그런데 최근 우연히 접하게 된 책『대중의 지혜: 시장과 사회를 움직이는 힘』(*The Wisdom of Crowds: Why the Many Are Smarter Than the Few and How Collective Wisdom Shapes Business, Economies, Societies and Nations*, James Surowiecki, 2004)의 첫 페이지를 보는 순간 대한민국에서 일어나고 있는 이 '불가사의'한 현상이 94년 전 나이 많고 호기심 많은 한 과학자에 의해 증명되었다는 사실에 놀랐다. 이 재미있고 중요한 실험 이야기는 다음과 같다.

1906년 통계학과 유전학 연구로 명성을 날린 영국의 과학자 프란시스 골튼(Francis Galton)은 원래 이 세상은 극소수의 똑똑한 사람들, 평범한 사람들, 그리고 대부분의 '멍청한' 사람들로 구성되었다고 굳게 믿었던 사람이었고 이를 실험을 통해 수치로 증명하고자 하였다. 그런데 이분이 85세가 된 어느 날 전공과 무관한 시골의 가축 경매 축제 구경을 갔다가 황소의 몸무게 알아맞히기 대회 장면을 구경하게 되었고 이때 그의 호기심이 발동하여 실험을 해보기로 하였다. 그는 가축의 무게를 예측하는 데 전혀 문외한인 보통사람들과 대다수 '멍청한' 사람들은 아주 틀린 답을 낼 것이라는 가정하에, 더 나아가서는 민주 국가에서 중요한 사안들을 민주절차에 따라 투표로 결정할 때 그 내용을 이해하지 못하는 대다수의 '멍청한' 일반인들이 한 표를 행사하는 것은 잘못이라는 자기의 믿음을 과학자답게 실험을 통하여 증명해 보이고 싶었다. 대회가 끝나고 황소의 실제 몸무게와 가장 근접한 답을 적어낸 사람에게 상금이 주어진 후 그는 800장에 이르는 답지를 빌려달라고 하여 여러 통계 기법을 이용하여 이를 분석하였다. 그리고 그 결과를 보고 여태껏 그가 평생 굳게 믿었던 가정이 얼마나 잘못된 것이었나를 발견하였고 이 결과를 후에 학술지 「네이처Nature」에 발표하였다.

황소를 키우는 몇 명의 전문가와 약간 명의 축산농가 사람들 그리고 대다수의 이 분야에는 전혀 문외한인 '멍청한' 사람들이 적어낸 답은 당연히 아주 틀릴 것이라는 그의 예상은 완전히 빗나갔다. 그가 모든 답지에 적힌 무게를 그래프로 그려보니 종형곡선(bell curve)을 보였고 모든 예상 숫자들의 평균값이 1,197파운드로 계산되어 놀랍게도 실제 황소 무게 1,198파운드와 정확히 일치하였다. 결과적으로 대다수의 예측이 완벽하다는 사실이 입증된 셈이었고 이후 그는 생각을 바꿔 다수의 민주적 판단이 얼마나 중요하고 신뢰할 만한 것인가를 믿게 되었다.

이런 사실이 오래전에 입증되었음에도 불구하고 아직도 우리는 자기가 믿고 싶어 하는 환상만을 믿는 우를 범하고 있으며 이에서 깨어나기를 거부하곤 한다.

특히 정치인들에게서 이런 착시현상이 심한 것 같다. 매번 똑같이 '멍청하지 않은' 국민의 준엄한 심판을 보면서도 선거가 끝나는 즉시 머리에서 지우개로 지우듯 지워버리는 기억상실증도 심한 것 같다. 모쪼록 우리나라 정치인들이 이런 착각에서 깨어나서 과거의 실패를 기억하며 올바른 판단력을 가진 지혜로운 다수의 국민을 위하여 좋은 정치를 펼치기를 기대해 본다.

사족 한마디, 이 세상 누구에게도 예외 없이 공평하게 적용되는 사실은 시간이 지나면 나이를 먹는다는 것이다. 이는 어쩔 수 없다 하더라도 호기심을 잃지 않는다면 죽는 순간까지 젊고 활기차게 살 수 있다. 어떤 유명인사가 한 말이다. "사람은 호기심을 잃는 순간부터 늙는다."라고. 우리 모두 호기심을 잃지 않도록 노력해야겠다.

〈프레시안〉 2010년 6월 18일

제2장

제도가 바뀌어야 국민이 산다

아직도 많은 희귀질환 환자는 치료제가 없어서 힘겨운 나날을 보내다가 생을 마감한다. …… 세계보건기구(WHO)에 등록된 희귀질환은 5,000여 종에 이르지만, 치료제가 없거나 사용이 제한적인 경우가 대부분이다. 일부 제약사는 상업성이 떨어진다고 하여 약품 생산을 중단하기도 한다. 경제논리가 환자의 생명권을 무참히 짓밟아 버리는 셈이다.

– 박인숙 글 "희귀병 치료제 개발에 나서자" 중에서

무상의료 가능한가?

최근 '무상' 시리즈에 대한 공방으로 나라가 시끄럽다. 무상급식, 무상의료, 무상보육, 반값등록금까지 거론되는 상황으로 이러다가는 앞으로 무상아파트까지 주자는 주장도 나올지 모를 일이다. 작년 한 해만도 건강보험재정적자가 1조 3천억 원에 달하며 10년 만에 최대의 적자를 기록했다. 이와 같이 해마다 건강보험적자 폭이 증가하고 있어 특단의 조치를 취하지 않으면 조만간 건강보험재정 파탄이 불 보듯 뻔한데 국가 재정은 고려하지 않고 무조건 표만 얻고 보자는 정치권과 이를 정치적으로 이용하려는 시민단체들과 대다수 국민들 사이에 공방이 뜨겁다. 선진국 진입을 앞두고 있는 우리나라에서 이제 복지는 선택이 아니라 필수가 되었고 대다수 국민의 공공의료에 대한 요구가 급증하고 있으므로 의료보험제도 전반에 대한 분석과 제도개선을 통하여 국민의 요구를 어느 정도라도 충족시켜줄 대비가 필요한 시점이다.

급증하는 우리나라의 의료비 지출

의료비 지출이 빠른 속도로 증가하고 있고 그 이유는 아주 많다. ① 심각한 수준의 약 오남용이 보험재정 악화의 중요한 원인 중 하나이며 이의 책임은 의사, 국민, 정부 모두에게 있다고 할 수 있다. ② 신약, 신 의료기기 및 기술 개발은 건강증진과 수명연장에 크게 기여하지만 신약 하나 개발하는 데 수천억 원이라는 엄청난 비용이 들기 때문에 의료비 지출을 급증시키며, 신약치료가 필요한 환자 중에서도 양극화 현상을 야기한다. ③ 수명이 급속히 증가함에 따라 노인인구에 대한 의료비 지출이 급증하고 있다. 65세 이상 노인 인구가 1980년에 3.8%이었고 점차 증가하여 2010년에는 10.1%로 높아졌다. 또한, 건강보험 전체의료비에서 노인의료비가 차지하는 비율이 1999년에는 17%에 불과하였으나 2010년에는 30.5%에 달하였다. ④ 의료 기술의 발달로 암 등 만성질환자의 생존율이 높아지면서 의료비도 급등하고 있다. ⑤ 환경 및 생활습관 변화로 인하여 유병률이 급증하는 암, 대사성 증후군 등 만성질환의 진단과 치료에 드는 비용이 급증하고 있다. ⑥ 국민의 요구가 증가함에 따라 CT, MRI, 초음파검사와 같이 전에는 보험지급이 되지 않았던 항목들에 대한 보장성 급여도 증가하고 있다. ⑦ 영유아, 희귀난치성 질환, 장애, 암에 대한 지원이 해마다 증가하고 있다. ⑧ 변종 바이러스, 슈퍼박테리아 등 새로운 병균의 출현으로 예기치 않은 질병이 자주 발생하고 있다. ⑨ IT 기술의 발달로 국민의 지식과 의료서비스에 대한 기대치가 높아지면서 고가의 검사와 치료에 대한 요구가 늘어나 이에 따른 의료비가 증가하며 때로 과잉진료 논란을 일으키기도 한다. ⑩ 의료 기관 방문이 쉬워지고 교통의 발달과 의료전달체계의 붕괴로 경증 질환자들도 3차 의료기관으로 모여들고 있고 의료비를 증가시킨다. 우리나라 국민의 수진 횟수는 1인당 1년에 15회로 세계 최고로 높은 의료 접근성을 누리고 있으나, 이는 의료자원 낭비의 요인이 되며 '의료 쇼핑'이라는 부작용을 낳고 있다. 그러나 개인의 행복권 추구와 선택의 자유라는 개념 때문에 이를 막기는 쉽지 않다. ⑪ 의사 수가 해마다 3,200명(한의사 포함)이 새로 배출되며 공급증가는 수요창출로 이어지게 된다. ⑫ 환자와 의료인의 도덕적 해이의 정도와 그 방법도 점차 심해지고 있고 이는 결국 의료비 증가로 이어진다. ⑬ 한의학, 보완의학에 대한 의료보험 지원이 증가하고 있으며 점차 더 많은 지원이 요구되고 있다. 그러나 해결되기는커녕 오히려 악화되고 있는 의료 이원화로 인하여 국민의 재산과 인력이 낭비되고 있고 국민건강에 해악을 끼치고 있다. 무상의료의 일부라도 시행되려면 대책 마련과 빠른 실천이 필요하다.

가장 시급한 대책은 건강보험료 지출절감이다

의료비 중 약제비가 차지하는 비중은 약 30% 이상이며 의료비 증가의 많은 부분은 약제비 증가 때문으로 해마다 14%씩, 즉 1조 원씩 증가하고 있다. 현재 약제비 절감운동이 진행되고 있으며 이에는 환자와 의료인 모두의 적극적인 참여와 협조, 그리고 인식변화가 필요하다. 리베이트 근절도 약제비 인하에 도움이 될 것이다. 또한, 의료전달체계의 재정비, 그리고 중증질환에 대한 지원 확대와 경증질환에 대한 지원 축소로 의료자원 낭비를 줄일 수 있다.

건강보험료 인상은 불가피하다

사상 초유의 세계 경제위기와 점차 심화되고 있는 양극화라는 큰 파고를 무사히 넘기는 방법으로 자본주의 4.0('따뜻한' 자본주의)이 자주 언급되고 있으며 건강보험제도 개선에도 이 개념을 도입하면 좋을 것이다. 즉 건강하고 경제적으로 여유가 있는 사람은 '건강세'를 납부한다는 개념으로 보험료를 더 내고 병들거나 가난한 사람은 보험료를 낮추도록 제도를 바꿀 필요가 있다. 또한 행정상의 모든 낭비도 없애야 한다. 지금 우리나라 국민이 부담하는 건강 보험료는 5.6%로 OECD 국가 평균 8%에 훨씬 못 미치는 수준이며 우리보다 잘사는 나라에 비해서도 매우 낮다. 국민적 저항이 물론 크겠으나 보험료를 선진국 수준으로 높여야 한다는 것은 자명한 사실이다.

공공의료 확충이 필요하다

전 국민에게 필수예방접종지원, 건강검진사업, 건강관리, 건강한 생활습관에 대한 계몽 등을 시행하여 국민 모두를 건강하게 만들어 주는 것이 결국 보험재정 건전화와 국가경쟁력 강화에 기여할 것이고 궁극적으로 그 혜택이 국민 모두에게 돌아갈 것이다. 또한, 공공 의료기관 시설을 확충하여 소외계층의 의료 접근성과 서비스 질을 높여주어야 한다. 지금과 같은 제도로는 건강에서조차도 양극화가 더 심화될 것이며 이는 다시 소득 양극화를 일으키는 악순환으로 이어져서 후에 더 큰 사회갈등과 불안의 요인이 될 것이다.

민영의료보험제도 개선이 필요하다

의료비가 앞으로도 계속 증가할 것이 분명하므로 미래에 대한 불안에 대비하여 민영의료보험을 찾는 사람들이 증가하고 있다. 그러나 이미 많은 문제점이 나타나고 있으며 보험가입자에게 불리한 조항이 많다. 자유민주주의 국가에서 개인의 선택권이 중요하며 어차피 현 건강보험제도만으로는 모든 의료수요를 감당할 수 없으므로 민영 보험 제도를 도입하되 정부가 철저한 점검과 관리를 하여 거대 보험회사들로부터 국민의 재산과 건강을 보호해 주어야 한다.

사회 정의, 도덕성, 투명성 확립

도덕적 해이의 문제는 어떤 면에서 의료보험제도의 여러 문제 중 가장 중요한 부분이라고 할 수 있으며 이는 비단 환자뿐 아니라 의료인, 기업, 정치인, 행정기관 모두에게 해당된다. 관련자들의 성숙한 윤리관도 중요하지만 동시에 도덕적 해이를 걸러낼 수 있는 제도적, 법적 장치를 마련해야 하며 이를 투명하고 엄격하게 집행해야 한다.

결론

최근에 시행한 보건사회연구원의 연구결과에 의하면 우리나라 국민의 69%가 소득격차의 책임이 정부에 있다고 생각한다고 보고

하고 있다. 보건의료 분야에서 정부가 할 일은 그래서 자명해 보인다. 그러나 무리한 무상 복지는 나라를 파산시킬 수도 있다. 지금 우리 실정으로 '전면적인 무상의료'는 불가능하다.

그러나 선진국 진입을 앞둔 이 시점에 '어느 정도의 무상의료'를 도입해야 하는 것은 피할 수 없는 시대적 요구이다. 다만, 국민 모두가 더 받기만을 고집하고 더 내는 것은 거부한다면 '부분적인 무상의료'조차도 불가능하고 국민이 체험하는 보건의료서비스는 악화될 것이다. 요약하면 우리 사회가 부패 없는, 윤리적이고 투명한 사회로 변하고, 가진 사람들이 더 베풀 때에만 다만 얼마간의 무상의료라도 가능해질 것이다.

〈대한의사협회지〉 2011년 11월호

軍 병원과 민간의료기관 연계해야

지난 3월 차관회의에서 추진하지 않기로 한 국방의학원 설립 문제가 다시 논란이 되고 있다. 여러 국회의원이 6월 임시국회에서 이 법안을 통과시켜야 한다고 주장한다. 찬성론자들은 군인들에게 양질의 의료서비스를 제공하려면 국방의학원을 설립해 장기 군의관을 양성해야 한다고 말한다. 이런 논의가 다시 부상한 이유는 최근 의료사고로 사망한 사병들 때문으로 짐작된다.

군인의 건강은 나라의 안보와 직결돼 있다. 그럼에도, 현재 우리나라 군 의료기관의 시설과 장비는 매우 미흡하고 우수인력을 확보하기는 어려운 실정이다. 그렇다고 국방의학원을 설립하는 것만이 해결방법은 아니다. 오히려 군 의료서비스 향상에 부정적인 영향을 줄 것이라고 생각한다.

국방의학원 해결방법 못 돼

첫째, 지금도 의과대학 수가 너무 많다. 현재 의과대학 (대학원 포함) 41개, 한의과대학 12개로 모두 53개다. 이 숫자는 인구 대비 미국, 영국, 일본의 2.5배로 경제협력개발기구(OECD) 국가 중 가장 높은 비율이다. 이렇게 많다 보니 대학 간 교육의 질에도 큰 차이가 있다. 대학마다 교수와 학생의 비율이 크게 차이 난다. 교육병원의 병상 수가 수천에 달하는 의대가 있는가 하면 제대로 된 수련병원조차 없는 의대도 있다. 그리하여 부실 의대 퇴출, 또는 통폐합이 필요하다는 의견도 나오고 있다. 이런 상황에서 국방의학원을 만드는 것은 엄청난 세금 낭비이며 또 하나의 부실 의대를 만들 가능성이 매우 크다. 대학, 특히 의대는 한번 만들면 없애기 거의 불가능하다.

둘째, 군의관 양성을 국방의학원에서만 해야 할 이유가 없다. 즉 군인의 질병과 일반인의 질병이 크게 다를 바 없고 군인 가족들도 진료의 대상이 되기 때문이다. 또한, 국방의학원을 졸업한 군의관이라도 10년이라는 의무복무기간이 끝난 후에는 일반의사로 개업할 수도 있기 때문이다. 따라서 기존 의대에서 위탁교육을 통해 군의관을 양성하는 것이 더 바람직하다.

셋째, 지금 국방의학원을 설립한다고 해도 몇 년의 준비기간을 거친 후 첫 신입생이 졸업하고 수련과정을 거쳐 전문의가 되려면 최소 15년은 걸린다. 그때까지 군 의료 수준이 개선되지 못한다면 그 피해는 고스란히 군 장병과 가족들에게 돌아갈 것이고 군인들의 억울한 의료사고는 계속될 것이다. 넷째, 지금도 군의관 숫자가 모자라지 않아 군 의료기관 대신 보건소, 일반병원 및 관공서에서 근무하는 공중보건의도 많다.

이와 같은 이유로 국방의학원 설립을 반대하며 다음과 같은 대안을 제시하고자 한다.

실제적 군 의료수준 향상을

첫째, 국방의학원 설립에 필요한 2,400억 원과 연간 운영비 800억 원이라는 엄청난 세금을 지금 당장 군 병원의 시설 및 장비 개선, 그리고 우수인력 보충에 투자하기 바란다. 현재 군 의료시설은 민간대학병원에 비해 열악하고 우수인력 부족에 시달리고 있다. 우리나라 군 병원도 대통령이 진료 받을 정도의 높은 수준으로 만들어야 군인들도 안심하고 진료를 받을 것이다.

둘째, 이미 정한 대로 13명 정도의 신입생을 선발해 일정 수준의 기존 의대에 위탁교육을 시키며 군사훈련을 병행하는 방법을 모색해 볼 수 있다.

셋째, 군 병원과 민간의료기관과의 연계를 강화해야 한다. 고도

의 전문성과 기술이 필요한 특수질환이나 중증질환을 앓는 군인 또는 심각한 외상을 입은 군인까지 군 병원에서 치료해야 한다고 주장하는 것은 불합리하다.

다양한 질환이나 외상치료 전문의를 양성하는 데는 많은 시간과 비용 투자가 필요하다. 실제로 41개 의과대학 중에서도 각종 분야의 우수 전문의를 모두 갖춘 대학은 그다지 많지 않다. 따라서 군 병원에서 이러한 전문 인력을 골고루 상시 확보한다는 것은 현실적으로 불가능하다.

〈국민일보〉 2011년 6월 13일

‘어린이 금지 약물’의 진실

최근 대통합국민신당의 한 국회의원이 국내에서 지난 3년간 3만 6000명에 이르는 어린이들에게 ‘금지 약물’이 처방되었다고 발표했다. 현재 투병 중인 아이를 둔 부모들은 이 같은 발표내용의 보도를 듣고 불안감을 느낄 수밖에 없었을 것이다. 그러나 발표된 ‘연령 금기 약’ 중 상당수는 이미 소아과에서 일상적으로 사용되는 약물들이고 대체 약물이 없는 필수 약들이다. 따라서 이번 발표는 부모들의 불필요한 불안과 의료진에 대한 불신을 높이고, 더 중요하게는 처방된 약물을 반드시 복용해야 하는 어린이 환자가 약물 복용을 중단해 위험에 처하는 사례를 낳을지도 모른다.

이 세상에 부작용 없는 약은 없다. 모든 약은 제대로 복용했을 때에만 효과가 있고 과다하게 먹거나 잘못 복용하면 독이 된다는 것은 상식이다. 질병 치료 시 기대하는 치료 효과가 부작용보다 훨씬 더 클 때에만 그 약을 처방하는 것이다. 약의 효능과 부작용에 대한 주의를 기울이고 모니터하는 것은 의사의 기본 역할이자 의무이다. 그런데 약의 부작용만을 강조하여 약을 처방한 의사를 일방적으로 비난한다면 아무 약도 주지 말고 모든 병을 치료하라는 황당한 주문으로밖에 보이지 않는다.

전 세계적으로 어린이에 대한 사용을 공식적으로 인정받은, 즉 안전성이 공식적으로 확인된 약은 극히 드물다. 특히 심장약, 간질약, 면역 억제제, 항암제 등의 특수 약일 경우 소아를 위해서 개발된 약은 거의 없다. 그 이유는 어린이를 대상으로 임상시험을 한다는 것이 비윤리적이기 때문이다. 따라서 심각한 질환의 치료약일수록 어린이에게 사용이 허가된 약이 거의 없다. 한 예로 현재 국내에서 2세 미만 어린이에게 사용이 허가된 간질약은 거의 없다. 이럴 경우 성인용 약을 사용하되 용량을 조절하고 부작용을 신중히 모니터하는 것이 최선책이다. 이는 비단 우리나라만의 문제가 아니라 전 세계적으로, 과거 수십 년 동안 지속된 공통적인 현상이다.

그런데 외국에서 개발된 약이 국내 수입허가를 받을 때 소아에 대한 안전성이 입증되었다는 표시가 없으면 '연령 금지 약제'로 분류되기 때문에, 소아에게서 실제로 큰 문제 없이 사용됨에도 이런 잘못된 주장이 나오는 것이다. 어린이 간질 발작이나 심장 부정맥

치료에 규정상 사용이 허가된 약이 없는 상황에서 의사들이 당장 '준법투쟁'이라도 하여 이런 질병을 가진 소아환자가 생명까지도 위협받는 상황이 발생한다면 국가가 책임질 것인가?

따라서 이와 같이 국민을 오도하는 발표는 참으로 안타까운 일이다. 이로 인하여 심각한 질환을 가진 소아 환자들을 치료하는 의사들이 '금지약물'을 처방하는 비양심적인 의사로 매도되어 결과적으로 환자와 의사 간의 신뢰가 깨어지고, 부모와 환자들에게 불필요한 불안을 야기시키고, 나아가서 의료사고로까지 발전할 수 있는 심각한 일이 아닐 수 없다. 의사의 진료행위까지 국가가 규제하고 제한한다면 그것이야말로 국민을 큰 위험에 빠뜨리는 잘못된 처사이다. 또한, 의료의 기본적인 생리도 모르는 비전문인의 시각에서 문제에 접근하는 것이 얼마나 무모한가를 여실히 보여주는 전형적인 예가 아닌가 싶다.

〈조선일보〉 2007년 9월 15일

'짧은 진료'
없어지지 않는 이유

최근 우연히 유방암 수술을 받은 40대 후반의 여성을 만났는데, 화를 풀지 못하고 있었다. 서울의 모 병원에서 지난달 암 수술을 받은 그녀는 수술 경과를 들으려고 병원을 다시 찾았다가 의사로부터 딱 세 마디만 들을 수 있었다고 했다. "괜찮아요?" "며칠 후에 오세요." "나가세요." 진료실에 들어서서 나오기까지 3분도 채 안 걸렸다고 했다. 항암치료는 어떻게 하고, 방사선치료는 언제 받는지에 관해 의사는 아무 말도 하지 않았다. 그에 관한 설명은 대신 간호사로부터 들었다. 그녀는 "비싼 선택 진료비를 내고 진찰받는데, 왜 내가 간호사에게 설명을 들어야 해요?"라고 목소리를 높였다.

자궁근종 수술을 받은 30대 초반의 여성도 같은 얘기를 했다. "왕복 10시간 걸려서 병원에 왔는데 고작 5분도 의사를 못 만나요."

라고 했다. 김해에서 부산으로 가 KTX를 타고 서울까지 오가며 치료를 받는 중이었다.

이런 환자들의 하소연을 들을 때마다 나도 죄책감에 사로잡힌다. 우리의 의료 현실이 어쩔 수 없다고 답변해 주지만 그런 말로 위안이 될까?

사실 내가 진료하는 어린이 심장병 환자도 5분 간격으로 예약이 차 있다. 의사가 심장병이나 암 같은 중대한 질병을 5분 내에 환자나 보호자에게 설명할 수는 없는 노릇이다. 그러나 우리나라 의사들은 그러기를 강요받는다.

의사생활 33년 가운데, 미국 텍사스의 아동병원에서 14년간 의사생활을 할 때는 30분이나 1시간마다 환자를 진료했다. 아이들의 심리상태, 학교생활, 가정생활까지 요모조모 물어보며 상담하고 치료를 하는 것이다.

1987년 귀국한 뒤 처음에는 나도 미국에서 하던 식으로 했다. 심장병으로 오랫동안 고생하던 여중생 심장병 환자의 어머니를 상담하던 일이 생각난다. 딸과 함께 진료실에 들어오면서 딸이 학교에서 '왕따'를 당하고 있다는 얘기를 들으면서 나는 어머니를 붙잡고 함께 울었다. 그러다 10여 분을 넘기자, 진료실 밖에서 웅성거리는 소리가 났다. 환자들이 "왜 진료시간을 안 지키느냐?"라고 항의하는 소리였다. 나도 불안해지고 그 어머니는 어쩔 줄 몰라 황급히 일

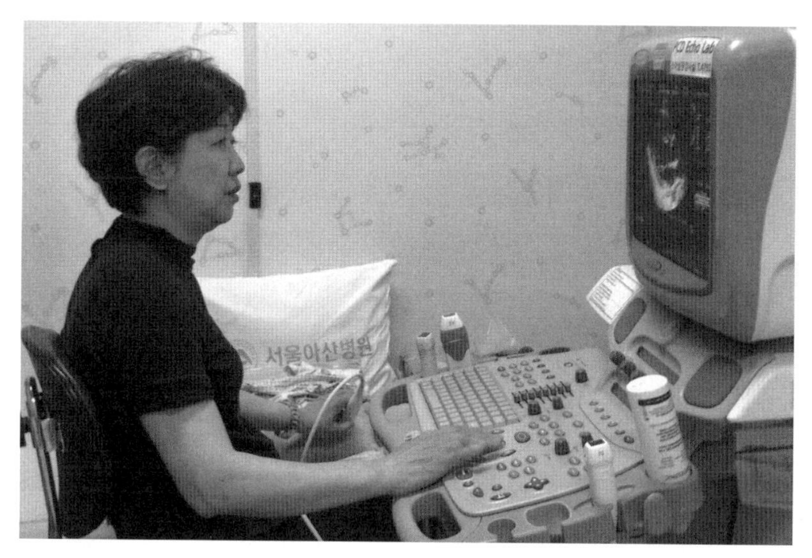

서울아산병원 소아심장 초음파 검사실에서

어섰다. 환자가 묻는 대로 자세히 설명해주고 하소연도 듣고 싶지만, 우리의 상황은 그런 것이 아니었다. 다른 쪽에서는 왜 진료 예약시간을 지키지 않느냐고 항의하니 답답했다.

나와 함께 일하는 의사 중 한 명은 그래도 고집스럽게 환자를 10여 분 이상 진료를 한다. 환자들의 말을 일일이 들어준다. 이 때문에 그는 진료를 마치는 시간이 다른 의사들보다 2시간 이상씩 긴 오후 7시다. 환자들 사이에선 친절한 의사로 손꼽히는 그 의사는 병원에선 오히려 '이해 못 할 의사'라는 소리를 듣고 있다고 한다.

이같이 5분짜리 진료가 되는 이유는 한마디로 환자 수가 많아야 병원을 운영할 수 있기 때문이다. 정부에서 주는 보험수가는 환자 1명당 고작 1만 5580원(초진)이다. 이처럼 적은 금액으로 여유 있게 환자를 받다가는 병원은 도산할 수밖에 없을 것이다. 더 큰 문제는 환자가 대학병원에만 몰리는 것인데, 설령 환자가 아무리 대학병원으로만 몰려도 의사 수가 많다면 문제가 될 것이 없다. 하지만, 어느 병원도 의사를 그렇게 채용할 여력은 없다. 비영리 기관인 우리나라 병원들은 외국과 달리 기부금도 못 받고 정부가 지정해준 건강보험 수가로만 운영하기 때문이다. 사정이 이렇다 보니 진료 환자 수에 따라 성과급을 지급하는 병원들도 나온다. 의사들을 5분 진료로 내모는 것이다. 대학병원의 '5분 진료' 같은 의료의 질을 개선하려면 사소한 질병으로 환자들이 대학병원에 오는 것을 제도적으로 막아야 한다. 정부는 대학 병원의 진료비를 차등화해 '5분 진료' 가 아니라 환자와 의사가 여유 있게 인간적으로 만나도록 해야 한다.

〈조선일보〉 2007년 7월 10일

의약품 관리제도의 모순과 문제점

환자를 치료하는 의사로서 가장 황당하고 낭패스러운 경험은 과거 수십 년간 잘 쓰던 약이 어느 날 갑자기 대책 없이 사라져 버리는 일을 당할 때이다. 최근 해외뿐만 아니라 우리나라에서도 신약 개발이 활발하여 더 강력하고 동시에 더 비싼 약들이 시장에 나오고 있다. 그러나 오랫동안 사용되어 왔던 약들이 무조건 새로 개발된 약들보다 못한 것은 아니며 오히려 수십 년 동안 변함없는 우수성으로 인하여 많은 의사가 안심하고 사용하는 약들도 많다. 그러나 이런 약들은 대체로 가격이 매우 낮기 때문에 제약회사의 수익성 측면에서 본다면 이윤이 매우 적다. 따라서 어떤 계기인지는 알 수 없으나 어느 날 갑자기 제약회사에서 예고 없이 생산을 중단하여 환자들과 이들을 치료해야 하는 의사들에게 큰 고통을 주고 있다.

몇 년 전에 일어났던 몇 가지 예를 들어 보겠다. 결핵 치료에 쓰이는 세 가지 약 중에 반드시 포함되어야 하며 부작용도 비교적 적은 주사제인 스트렙토마이신이 생산 중단되어 많은 결핵 환자들이 이 주사제 없이 치료를 받았다. 또 다른 예로는 류마티스열로 인한 심장판막 질환의 치료제이자 예방약인 벤자씬 페니실린 주사제가 생산 중단되어 한 달에 한 번씩 근육주사로 맞는 편리하고 효과 좋은 이 주사 대신 매일 먹는 약으로 대체하여 치료 효과도 떨어지고 환자들이 큰 불편함을 겪었다. 예를 든 이 두 약은 해당 분야의 의사들과 학회에서 여러 기관에 항의하여 어렵게 다시 생산을 재개하였다. 또한, 최근에는 짧은 시술이나 수술 시에 필수적으로 사용되는 진통·진정제인 케타민이라는 약이 갑자기 없어져서 조직검사, 내시경, 심혈관 조영술 등 고통이 수반되는 침습적인 시술을 수행하는 데에 큰 어려움을 겪고 있다. 이는 의사소통이 불가능하고 약물사용에 제약이 많은 어린이 환자들에서 특히 심각한 문제가 되고 있다. 또한, 이 약은 최근 마약으로 분류되면서 엄격한 재고관리를 위해 그나마 있던 약들도 모두 수거해 가는 바람에 큰 종합병원이나 대학병원에서의 상황은 더욱 어렵게 되었다.

이윤이 적게 남는 약의 생산을 제약회사들이 기피함으로 인하여 발생하는 위와 같은 문제 이외에도 의약품 관리상의 문제로 인한 피해사례들은 더 있다. 즉 소아용의 작은 크기의 경구용이나 주사용 약제가 드물어서 소아에게 약물 투여가 복잡하여 의료사고의 위험이 높으며 보험청구 시에 발생하는 문제도 심각하다. 또한, 성인에게만 사용이 허가된 약이지만 소아에게 쓸 수 있는 다른 대체약물이 없으므로 할 수 없이 처방하는 경우 보험적용이 되지 않아 비싼 약값을 부모가 고스란히 부담해야 한다. 또 다른 약의 예를 들자면 애초에 원료를 수입할 당시 제약회사에서 보건복지부에 제출한 서류에 명시된 적응증에 포함되지 않은 질병에 사용하기도 하는데 이런 경우에도 보험적용이 되지 않는다. 그 대표적인 예로 비아그라를 들 수 있다. 최근 언론에도 보도되었듯이 이 약은 원래 발기부전 치료목적으로 개발되었으나 폐동맥 고혈압의 치료에도 유효하다고 밝혀졌다. 따라서 현재 많은 환자에서, 특히 선천성심장병을 가진 어린이 환자들에게도 이 약을 사용하고 있으나 보험적용이 안 되어 본인부담액이 매우 높아 사용을 포기하는 경우도 생기고 있다.

이와 같은 의약품 관련 여러 문제들의 해결을 위하여 필자는 다음과 같은 제안을 하고자 한다.

첫째, 제약회사에서 이윤을 거의 남기지 못하는 오래된, 좋은 약들을 정부에서 국가생산 장려품목으로 지정하여 그 생산을 국가에서 보조해 주어야 한다. 그럼으로써 화려하게 등장하는 비싸고 좋

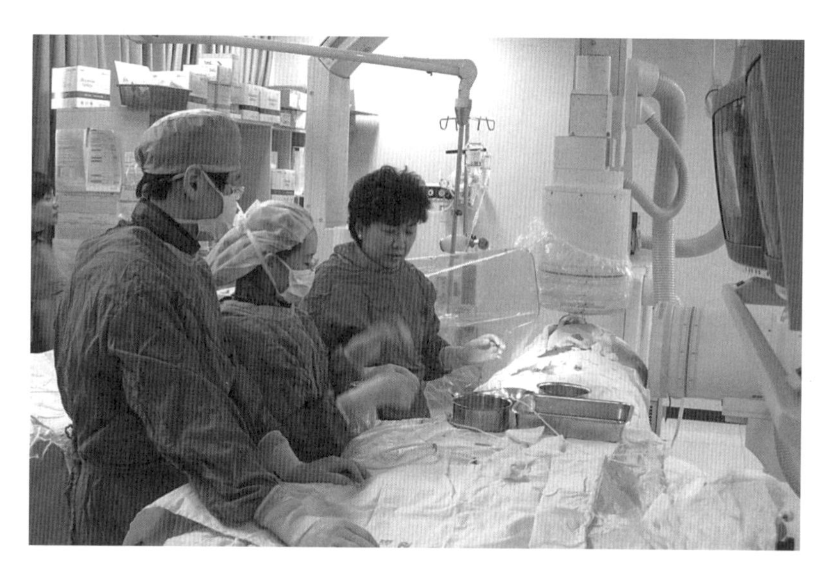

심혈관 조영술

은 약들의 뒤에서 슬그머니 사라져갈 위기에 처한 이런 약들의 생산중단이라는 불상사가 더 이상 일어나지 않도록 대책을 마련해야 한다.

둘째, 급변하는 의료 환경과 의학의 발전에 발맞추어 빠른 대처를 할 수 있도록 약품 인허가 및 관리 제도를 개선하여야 한다. 즉 환자치료에 관하여 문제 발생 시 즉각적인 해결을 할 수 있도록 식약청이나 보건복지부 등 관련 부서에 '신문고'와 같은 '급행부서'를 만들 필요가 있다. 약 하나 쓰려고 여러 부서를 통한 복잡한 절차를 거치는 동안 기다려 줄 수 있는 시간적 여유가 있는 환자는 거의 없기 때문이다.

셋째, 일선에서 환자를 진료하는 임상 의사들의 고충에 귀를 기울이는 융통성 있는 의약품 관리행정이 이루어져야 한다. "약은 약사에게, 진료는 의사에게"라는 슬로건이 있으나 실제 약을 처방하고 그 효능과 부작용을 관찰하는 것은 주치의인데 의사들이 의약품 인허가과정과 관리에 관여할 기회는 거의 없다. 따라서 의약품의 인허가심의과정과 관리에 임상의사가 반드시 포함되도록 제도의 개선이 필요하다. 환자를 치료하는 과정에서 소 잃고 외양간 고치는 일은 더 이상 일어나서는 안 된다.

의학은 하루가 다르게 빠른 속도로 발전하지만, 의약품관리제도는 이에 미치지 못함으로써 발생하는 모순과 문제점들을 하루빨리 개선하지 않으면 그 피해는 고스란히 환자와 국민에게 돌아가게 될 것이다.

2006년 7월 6일

희귀병 치료제 개발에 나서자

일간지 국제면에 영화 〈로렌 조 오일〉의 실제 주인공으로 잘 알려진 로렌 조 오일이 숨졌다는 기사가 실린 적이 있다. 이 영화는 희귀질환을 앓는 아들을 위해 치료제 개발에 나선 가족의 사랑을 다뤘는데 개봉 당시 많은 이의 눈물을 자아내며 희귀질환 치료제 개발에 대한 경각심을 심어주었다.

로렌 조는 6세 때 부신백질이영양증이라는 희귀질환 판정을 받았다. X염색체에 들어 있는 유전자 이상으로 발생하는데 몸 안의 '긴 사슬 지방산'이 분해되지 않고 뇌에 들어가서 신경세포를 파괴하는 치명적인 질환이다. 의사들은 로렌조가 8세까지 살지 못할 것이라고 말했지만, 그의 부모는 로렌 조 오일을 개발해 생명을 서른 살까지 연장시켰다.

2년 전에는 제2의 로렌 조 오일 개발 소식도 전해졌다. 세계적인 제약회사인 브리스톨 마이어스 스퀴브의 간부였던 존 크롤리가 치명적 희귀 유전질환인 폼페병에 걸린 두 자녀를 위해 잘 나가던 직장을 그만두고 젠자임이라는 회사와 함께 치료약 개발에 나섰다. 그는 6년간의 노력 끝에 치료제인 마이오자임을 만들었고 미국 식품의약청(FDA)으로부터 희귀의약품 승인을 받았다. 폼페병은 인구 10만 명에 한 명 정도 발병하는 질환으로 국내에도 20여 명의 환자가 있다.

모두 영화 같은 이야기라고 말하지만, 이들의 노력으로 부신백질이영양증이나 폼페병을 앓는 희귀질환 환자는 병마와 싸우면서도 한 가닥 실낱같은 희망을 품게 됐다. 그러나 아직도 많은 희귀질환 환자는 치료제가 없어서 힘겨운 나날을 보내다가 생을 마감한다.

희귀질환의 상당수는 유전질환이다. 유전질환은 나와는 무관하다고 생각하기 쉽지만, 사실은 그렇지 않다. 태어날 때는 정상이지만 성장하며 증상이 나타나거나, 정상 부모 사이에서 태어난 아이에게 희귀질환이 나타나기도 한다. 고혈압이나 당뇨병과 같이 위험인자가 밝혀진 질환과는 달리 예상치 못한 순간에 접하게 될 수 있는 질환이다.

세계보건기구(WHO)에 등록된 희귀질환은 5,000여 종에 이르지만, 치료제가 없거나 사용이 제한적인 경우가 대부분이다. 일부 제

희귀난치성질환 센터 심포지엄에서. 유전체연구센터 연구원 및 교수들과 함께

약사는 상업성이 떨어진다고 하여 약품 생산을 중단하기도 한다. 경제 논리가 환자의 생명권을 무참히 짓밟아 버리는 셈이다. 희귀질환 치료제의 생산 중단은 환자에게는 사형선고와 다름없다.

다행히 최근 들어 다국적 제약사의 희귀질환 치료제 개발이 눈에 두드러진다. 미국 연구제약협회의 보고서에 따르면 지난해 현재 303종의 희귀질환 치료제가 개발되는 중이다. 다국적 제약사가 희귀질환 치료제에 관심을 보이는 이유는 대부분 고가이며, 미국시장에서 시장 독점권을 7년간 부여하기 때문이다.

고가의 의약품을 판매하기 위한 사업전략에 불과하다고 폄훼할 수 있겠지만, 희귀질환을 앓는 환자에게 희귀의약품은 생명의 끈이다. 이 때문에 우리나라를 비롯한 대부분의 국가가 의약품 지원 정책을 마련하고 있다. 국내 바이오기업이 개발 중인 고셔병 치료제와 파브리병 치료제가 출시되면 현재 사용하는 초고가 수입 약품을 대체할 수 있어 건강보험 재정에 적잖은 도움이 될 것으로 전망된다.

지난해 국내 희귀난치성 질환 치료를 위해 정부가 지원한 금액은 760억 원에 이른다. 하지만, 국내에서 개발된 희귀난치성 질환 치료제가 없는 상황에서 상당 부분을 수입 약품에 의존하고 있다. 현재 국내 희귀난치성 질환연합회에 가입한 회원은 33만여 명, 실제 희귀질환으로 고통받는 사람은 약 50만 명으로 추정된다. 정부와 국내 제약사가 이들의 고통을 헤아려 관련법 개선과 연구개발에 나서길 기대한다.

〈동아일보〉 2008년 9월 27일

의료인 재등록제 시급(時急)

최근 모 국회의원 주관으로 의료인 면허 재등록에 관한 정책 토론회가 열렸지만, 관련 단체들의 반발로 시행 여부가 불투명하다. 그러나 국내 의료 서비스 수준을 높이려면 이 제도는 반드시 필요하다. 이유는 이렇다.

첫째, 정확한 통계 없이 올바른 정책이 나올 수는 없다. 그런데 현재 국내 보건의료인 숫자에 대한 정확한 통계가 없다. 최근 OECD(경제협력개발기구)가 발간한 『2009년도 세계 의료현황 보고서』에 따르면 2007년 기준 한국 인구 1,000명당 의사 수는 1.7명으로 회원국 평균 3.1명보다 턱없이 부족하다고 보고됐다. 그러나 대한의사협회는 실제 우리나라는 의사 과잉 상태라고 반박했다. 이런 논란의 배경은 정확한 통계가 없는 탓이다. 지금 제도는 모든 의료인이 면허 취득 시 한번 등록하면 평생 재등록이 필요 없다. 따라서 실제 진료하는 의료인의 숫자를 알기 힘들다. 대부분 선진국은 1~7년마다 재등록제를 시행한다. 잘못된 통계는 잘못된 정책으로 이어지고, 국민의 건강권 침해로 연결된다.

둘째, 면허 재등록을 통해 의료의 질을 관리할 수 있다. 지금은 한번 면허를 따면 특별한 사유가 없는 한평생 효력이 유지된다. 국내에서 의료인 면허가 갱신된 것은 1974년 한 번뿐이다. 장기 휴직 후 재취업해도 별도 교육이나 검증 없이 의료행위를 할 수 있다. 비윤리적인 행위, 약물 중독, 의료사고 등 각종 범법행위를 저질러도 면허 정지나 취소 같은 징계 수단조차 거의 없다. 이런 요인들이 국민 건강을 해치고, 의료계에 대한 국민 신뢰를 훼손할 수 있다.

면허 재등록을 통해 의료인 스스로 의료의 질을 관리하는 노력을 보여주면 국민의 신뢰도 높이고, 양질의 의료 서비스도 제공할 수 있을 것이다. 전문가들에게 재시험을 보라는 게 아닌 만큼 보건의료 단체가 반대할 이유도 없어 보인다.

〈조선일보〉 2009년 7월 29일

'보건의료인 면허국' 신설 필요하다

최근 수련의들에 대한 폭행, 성추행, 정신병원 환자 학대에서 환자를 성폭행한 의사에 이르기까지, 의사와 관련된 불미스러운 보도들이 잇달았다. 어느 집단에나 부도덕한 사람들은 섞이게 마련이지만, 생명을 다루는 의사 사회에서 이런 일들이 벌어지고 있다는 것은 큰 충격이다. 특히 이런 일들이 어제오늘 일어난 새삼스런 일들이 아니라, 과거에도 여러 차례 문제가 됐었고 앞으로도 재발 가능성이 높다는 점이 큰 문제다.

현행법에 따르면 의사가 아무리 큰 잘못을 저질러도 의사 단체가 자체적으로 징계할 수 있는 방법은 협회 윤리위원회의 경고나 심해야 회원자격 정지뿐이다. 이로 인한 불이익은 거의 없어 사실상 자체 징계가 불가능한 셈이다. 피해당사자가 고발하여 유죄 판결을 받으면 그에 따른 처벌이 유일한 징계다. 사안이 중대한 경우 보건복지가족부에서 면허를 일시 정지 또는 취소할 수 있기는 하지만, 아무리 큰 잘못을 저질렀어도 법원의 최종 판결이 날 때까지 그 의사는 아무런 제재 없이 마음껏 의료 활동을 할 수 있다. 수련의에 대한 신체적 혹은 언어폭력은 아예 '관행'으로 간주되는 게 일부 의사 사회의 풍토다.

이와 같은 분위기와 제도상 허점 때문에 사건이 터질 때마다 일반인들은 자체 징계를 하지 않는, 아니, 할 수 없는 의사 단체를 제 식구만 감싸는 부도덕한 집단으로 보게 된다. 이는 의사 전체에 대한 불신으로 이어져 왔다. 이의 개선을 위해 의사단체들은 부도덕한 의사에 대한 직접 징계권을 정부에 요청해 왔으나, 아직까지 받아들여지지 않고 있다. 앞으로도 받아들여질 가능성이 매우 낮아 보인다.

미국은 각 주마다 주 정부 산하에 '의사 면허국'이라는 독립기구가 있어, 면허시험과 면허 부여 및 갱신, 징계 등 의사자격 관련 모든 업무를 주관한다. 이 기구의 핵심은 의사, 법률가, 일반인, 주 정부 관리 등 십여 명으로 구성된 심의위원회이다. 텍사스 주 의사 면허국의 경우, 6개월마다 발행하는 소식지 지면의 90% 이상을 징계관련 기사가 차지할 정도로 징계받는 의사들을 단 한 명도 빠짐없이 공개하고 있다. 의사 이름은 물론, 면허번호, 지역, 불법 또는

의료인 면허 재등록 및 취업신고 의무화를 위한 정책토론회

부도덕한 행위의 구체적인 설명, 벌금 액수, 면허 정지 또는 취소 여부, 윤리교육 또는 보수교육 명령 등 징계범위도 소상히 밝히고 있다. 모든 심의절차가 원칙과 규정에 따라 공정하게 이루어지기 때문에 징계받는 의사의 인권이나 사생활 침해에 대한 항의는 애초에 엄두도 낼 수 없다. 징계사유라는 것들도 우리 눈으로 보면 하찮다고 생각되는 간단한 언어폭력에서부터 마약 복용 등 다양하며 매 사안에 대한 징계기준이 얼마나 엄격한지 혀를 내두를 정도이다.

과거에 눈감아 주던 그릇된 '관행' 들을 더 이상 용납해서는 안 된다. 우리도 외국처럼 의사를 포함한 모든 보건의료관련 전문직

의사면허제도 선진화를 위한 토론회

종사자들의 자격시험과 이미 면허를 취득한 전문가들에 대한 효율적인 관리와 공정한 징계를 담당할 '보건의료인 면허국' 같은 중립적 독립기구를 설치해야 할 때다.

〈조선일보〉 2008년 9월 17일

희망의 끈: 선의의 거짓말

어느 책에서 읽은 이야기이다. 워터게이트 사건이라는 불미스러운 이유로 닉슨 대통령이 미국 대통령직에서 중도 하차한 후라 그 어느 때보다도 '정직'이 중요한 이슈가 된 선거 분위기에서 지미 카터 후보가 정직을 가장 큰 덕목으로 내세우고 대통령 선거에 출마하였다. 이에 한 여기자가 조지아 주의 그의 집을 방문하여 그 어머니를 인터뷰하면서 질문하였다. "당신 아들은 정말로 한 번도 거짓말을 한 적이 없느냐?" 이 질문에 그 어머니가 "선의의 거짓말은 한 적이 있겠지요."라고 답하니 그 기자가 "선의의 거짓말은 어떤 걸 말하느냐?"라고 다시 물었다. 이에 그 어머니가 "당신이 우리 집에 들어왔을 때 내가 만나서 반갑다고 말하지 않았느냐? 그리고 네가 참 아름답다고 말하지 않았느냐? 그런 게 바로 선의의 거짓말이다."라고 답하였다고 한다.

또 다른 이야기이다. 오래전 유명 대학병원에서 소아신경과 교수의 진료를 돕는 전공의들이 보기에 이 교수님이 환자 어머니들에게 거짓말을 한다고 생각하여 그 이유를 물어보았다. "왜 교수님은 우리가 보아도 지능이 한참 떨어지는 아이의 어머니에게 그 아이가 커서 훌륭하게 될 거라는 거짓말을 하시느냐?" 이에 그 교수님이 "내가 그렇게 말해야 그 아이 어머니가 희망을 가지고 열심히 그 아이를 키울 수 있지 않겠느냐?"라고 답하였다고 한다. 이런 아이를 가진 어머니에게 "다른 선택이 무엇이 있겠는가?"라고 생각해보면 일리가 있는 말이라고 수긍되었다. 자기 아이의 지능이 다른 아이에 비해 훨씬 떨어진다는 사실은 그 누구보다 그 아이를 키우는 부모, 특히 어머니는 이미 알고 있다. 다만, 이런 사실을 의식의 맨 밑바닥에 감춘 채 살아가고 있을 뿐이다. 이런 상황에서 주치의 교수가 그 아이가 잘 자라고 나중에 훌륭하게 될 거라는 이러한 한마디는 절망에 빠진 그 아이 어머니에게는 삶의 의지를 받쳐주는 한 방울의 생명수와도 같을 것이다.

수년간에 걸친 힘든 암 투병 후 최근 어머니를 잃은 한 젊은 여성의 말이다. 의사들이 입만 벌리면 부정적인 이야기만 하고 "고치기 어려운 병이다." "오래 살기 어렵다." "마음의 준비를 해라."라는 말을 치료 초기부터 자주 들었음에도 그분은 발병 후 5년을 사셨다. 그리고 암 재발 중간 중간에는 상태가 호전되어 마지막으로 주어진 소중한 시간에 가족들이 함께 여행도 하면서 좋은 추억을 만들었다고 한다. 그런데 그 치료 과정에서 애초부터 희망의 싹을 꺾어버리는 의사들의 이런 말들 때문에 본인은 물론 가족들이 정신적으로 무척 힘들었다고 하였다. 물론 암 재발에도 불구하고 치료를 잘해주어 5년을 살게 해준 점에 대해서는 고마워하면서도 좋지 않은 말에 대한 기억 때문에 그 의사를 원망하였다. 이 주치의가 처음부터 의사소통을 좀 더 신중하고 현명하게 해주었더라면 어차피 겪어야 할 어려운 투병 과정을 티끌만큼 작더라도 희망을 가지고 덜 고통스럽게 보냈을 것이라면서 분개하였다. 같은 의사로서 내가 대신 사과를 하면서 의사들의 의사소통, 특히 질병 말기 환자와의 의사소통에 대한 교육이 정말 중요하다고 새삼 느끼게 되었다.

말기 암, 말기 심장병 등 난치병 환자나 중환자를 치료하는 의사들은 후에 일어날지도 모를 의료사고에 대한 대비, 그리고 최선을 다하였음에도 불구하고 치료결과가 좋지 않았을 때 환자 가족들의 원망을 피하고자 사실을 그대로, 때로는 오히려 더 나쁘게, 심하게는 최악의 경우까지도 거침없이 말해주곤 한다. 너무 긍정적으로만 말해 주었다가 후에 일어날지도 모를 항의와 법적인 문제에 대비하기 위함이지만 모든 환자에게 이런 방식의 접근을 하다 보면 위와 같은 원망을 피할 수 없게 된다.

의사가 환자를 치료하는 목적은 생명을 연장시키고 삶의 질을 높이는 것이고 이 과정에서 의사는 물론 환자에게 진실을 말해주어야 한다. 그러나 진실만을 이야기해주는 것이 오히려 그들의 투병 의지를 꺾고 삶의 질을 나쁘게 한다면 '선의의 거짓말'도 필요한 때가 있을 것이다. 암이 재발하면 주치의가 구태여 나쁜 예후를 말해주지 않아도 환자와 가족은 그것이 무엇을 뜻하는지 이미 알고 있다. 그러나 아무리 절망적인 상황이라 해도 환자와 가족은 마지막 순간까지 희망의 끈을 절대 놓지 못한다. 질병 치료에 있어서 환자와 가족의 강한 의지는 말할 필요도 없이 중요한데 '잠재적인 미래'의 사고에 대비한 의사들의 이러한 방어적인 그리고 무차별적인 언행이 얼마나 많은 환자와 가족들에게 부정적인 영향을 주는지 곰곰 따져봐야 한다.

모든 환자에게 거짓말을 하라는 말이 아니다. 그러나 이런 문제는 환자와 의료진 간의 믿음이 탄탄하면 쉽게 극복될 수 있다. 결국, 환자들의 특성을 파악하고 유연성 있게 접근함으로써 지푸라기라도 잡고 싶은 심정의 환자와 가족들에게 마지막 순간까지 희망의 끈을 놓지 않도록 도와주는 것도 의사의 중요한 임무이다. 학문적 교육 못지않게 중요한 의사소통 기술에 대한 교육을 학생과 모든 의사에게 더욱 강조해야 할 것이다.

〈The Doctor〉 2010년 6월 14일

나쁜 의사, 착한 의사

최근 초기 위암에 대한 내시경 수술의 보험수가 문제로 언론이 시끄러웠고 결국 직격탄을 맞은 환자들이 거세게 항의하면서 의료계와 정부 양쪽이 약간씩 양보하는 선에서 해결될 기미를 보이고 있다. 이같이 모순투성이인 우리나라 건강보험급여제도 때문에 나도 전에 여러 번 항의도 하였으나 매번 계란으로 바위를 치는 기분만 들 뿐 소용없었고 이런 일이 자주 있다 보니 이제는 무감각해져 은퇴할 날 기다리면서 애써 마음의 평정을 유지하고 있다. 그러다가도 이런 뉴스를 접하면 다시 화가 치밀어 오른다. 게다가 최근에 경험한 어찌 보면 사소한 일이 생각나서 또다시 분개하고 있다.

나는 우리나라에서 인턴만 끝내고 미국으로 가서 십여 년 동안 대학병원에서 환자를 보다가 한국으로 돌아왔을 때 우리나라 대형 대학병원에 왜 그리 외래환자들이 많은지가 참으로 이상하게 보였다. (미국 대학병원들은 입원 위주의 진료를 하며 외래환자 수는 매우 적다.) 결국, 그 이유가 터무니없이 낮은 보험수가 때문이라는 것을 알게 되어 참으로 씁쓸하였고 이러한 왜곡된 외래진료시스템이 언젠가는 선진국형으로 바뀌어야 한다고 생각하고 있었다.

싼 외래 진료 수가 때문에, 그리고 의료사고를 방지하기 위하여 '사소한' 감기환자도 자주 내원하도록 하고 또 대학병원도 일반의원과 마찬가지 방식으로 외래환자 진료를 해야 하기 때문이었다. 그러니 환자들은 5분 진료받으러 또는 검사결과 하나 들으려고 먼 길을 비싼 교통비와 시간을 낭비하면서 보호자와 함께 자주 병원에 와야 한다. 뿐만 아니라 이로 인해 야기되는 교통체증, 공해 발생, 자동차 기름 낭비 등도 이러한 비정상적인 진료행태로 인한 부작용이라고 할 수 있다. 그래서 처음에 내가 취한 방법은 간단한 검사결과는 개별적으로 전화로 알려주는 것이었다. 물론 이럴 경우 진료비는 없으므로 병원에서 좋아할 리가 없으나 나는 그래도 소신껏 내 양심에 따라 이런 방법으로 환자들을 도와주었고 의무기록도 남겼다. 그러나 이것은 EMR(전자의무기록) 도입 전이었으므로 가능했던 일이기도 하였다.

환자 수가 점점 많아지자 이런 식으로 환자들을 도와주는 것에 한계가 왔다. 또 EMR 도입 후 의무기록을 남길 방도가 없어졌고,

의료사고의 위험도 있어서 이런 방식의 '무료봉사'는 그만두어야 했다. 대신에 병원에서 하라는 대로 정식으로 외래진료예약을 하고 진료비를 납부하면 전화 상담이 가능하도록 예약 제도를 바꾸었다. 그 결과, 공식적으로 의무기록을 남기면서 병원도 약간이나마 진료비 수입을 챙길 수 있게 된 동시에, 환자로서는 진료비를 조금 내더라도 먼 길을 오지 않고도 검사결과를 알고 상담을 받을 수 있어서 시간과 경비를 절감할 수 있게 되었다. 그래서 병원과 환자 양쪽 모두 만족해 하는 이 제도를 한동안 문제없이 잘 활용하였다.

그런데 최근에 직접 보고 진료하지 않은 환자를 전화 상담만 하면서 진료비를 받는 것은 불법이라는 보험공단과 병원의 통보로, 이제부터는 검사 결과만 확인하려 해도 환자가 직접 병원에 내원해야만 한다고 한다. 그래야만 법대로 진료하는 좋은 의사이고 좋은 병원이고, 종전과 같이 전화로 상담만 하고 진찰료를 받는 것은 의료법을 위반하는 나쁜 의사이자 나쁜 병원이 된다고 한다. 환자 편의를 위하여 내가 한 일 때문에 나는 나쁜 의사가 되고 병원은 벌금으로 받은 진료비의 몇 배를 공단으로부터 환수조치 당하고 게다가 도덕적으로 불량병원이라는 낙인도 찍히게 되는 것이다. 이런 종류의 부당한 일들은 일일이 열거할 수도 없을 정도로 각 진료 분야별로 너무나 많다는 사실을 의사들은 알고 있다.

의료계와 정부 간의 불신 때문에 골병 드는 것은 결국 환자들이다. 오래전에 고3 수험생들을 열 받게 하였던 『공부가 제일 쉬웠어요』라는 책이 있었지만, 우리나라 의료보험제도에서 환자를 진료하면서 이런 황당한 문제에 봉착하게 되면 사실 "공부가 제일 쉽다."는 말이 맞다는 생각이 든다. 교과서대로, 또는 새로운 문헌을 참고하면서 환자들에게 최상의 치료를 하고서도 보험공단에서 마음대로 정한 보험급여기준과 일치하지 않아 결국 '과잉진료를 일삼는 나쁜 의사와 나쁜 병원'이 되는 일이 발생하면 참으로 화가 난다.

물론 의료계도 자정활동을 통하여 신뢰를 쌓아야 하는 것은 당연하다. 그러나 지금과 같이 국민으로부터, 또한 정부로부터 불신을 받는 상황에서는 어떠한 주장도 받아들여지기 어렵다. 이와는 별도로 보험공단은 재정이 어려워서 보험급여를 주지 못한다는 사실을 솔직히 인정하고 국민에게 이해를 구해야 하며, 동시에 의사들이 환자들에게 최상의 진료를 하고자 하는 양심적인 진료행위를 막지 말아야 할 것이다. 나아가서 모든 의사와 병원을 돈만 밝히는 범법자로 몰아가는 부당한 처사는 멈추어야 한다. 법을 지키는 나쁜 의사가 될지, 또는 법을 어기는 착한 의사가 될지 양자택일을 강요당하는 상황이 안타깝다. 무엇이 진정으로 환자와 국민을 위하는 길인가를 정부는 깨닫기 바란다.

서울의대 동창회소식지 〈함춘회보〉 2011년 9, 10월호

제3장

의료일원화는 밥그릇 빼앗기인가?

한의대 학생 교육에 현대의학 교육과정의 많은 부분이 포함된 것은 잘 알려진 사실이며 현대의학의 동참 없는 한의학 연구의 상당 부분이 부실할 가능성이 높아 세금 및 고급인력 낭비로 이어질 위험이 있다.

– 박인숙 글 "지금이 의대·한의대 통폐합의 적기(適期)다" 중에서

의료민족주의와 보약 왕국

나라 안팎이 온통 큰 걱정거리로 가득 찬 시점에 나마저 우울한 글을 써야 하는 것이 마음 내키지 않지만 그래도 희망은 절대 버릴 수 없는 것이기에 의료계가 모두 함께 고민하고 해결책을 찾아보고자 이 글을 쓴다.

지금의 의료계를 '술 취한 운전기사가 가속페달과 브레이크를 동시에 밟고 있는 형국', '풍랑이 몰아치는 바다에 내팽개쳐진 선장 없는 배', '고속도로에서 역주행하는 자동차'라고 한다면 너무 심한 표현일까? 사실 작금의 의료계는 정말 어려운 안건들이 많다. 우선 당면한 굵직한 현안들만 보아도 한미 FTA(자유무역협정) 협상으로 인하여 야기되는 의료계 문제, 식약청 문제, 상대가치점수 전면 개정의 문제, 한의학전문대학원 신설과 한의사들에 의한 의료기기

사용문제를 포함한 의료 이원화 문제, 수많은 건강보조식품과 기구들의 난립, 과대광고 등이 있다. 게다가 설상가상으로 이런 문제들의 해결에 사활을 걸고 앞장서서 나서야 할 의료계 수장의 부도덕과 무책임, 리더십 부재가 우리를 더욱 암울하게 한다. 이 많은 문제 중 이 글에서는 최근 걷잡을 수 없이 폭증하고 있는 사이비 의료에 대하여 생각해보기로 한다.

잘 알다시피 우리나라는 거의 모든 국민이 '보약'을 먹는 세계적인 '보약 왕국'이다. 의료보험료를 0.1%만 올려도 시민단체를 위시해서 전 국민이 들고일어나서 반대하지만, 한약이나 '보약', 건강보조식품 등의 사이비 의료에 드는 몇십만 원, 몇백만 원은 전혀 아까워하지 않는다. 신생아건 노인이건, 병이 있건 없건 상관없다. 그 이름도 다양하다. 임신되기 전에 먹는 보약, 임신 된 후에 먹는 보약, 고3 수능준비생이 먹는 고3탕, 이를 대비하여 고2 때 미리 먹으라는 준비탕, 성적 올려주는 총명탕, 키 크는 보약, 수술 후 기력 회복하는 보약 등 수없이 많은 종류의 '보약'을 우리 국민이 먹고 있다.

다른 예를 들어보겠다. 강남 지역주민에게 공짜로 배달되는 지역신문을 살펴보면 총 80면 중 절반이 의료관련 광고이며 그것도 대부분이 상식적으로 도저히 믿기 어려운 과대광고이다. 한 산부인과 한의원 광고를 그대로 옮겨보겠다. 여성 불임의 원인이라고 열거한 항목 중에는 "몸이 찬 것, 남자처럼 생긴 여성, 복부 비만, 감정 기복이 심한 여성, 키가 큰 여성, 몸이 혼탁한 여성, 땀을 많이 흘리는 여성" 등이 포함되어 있었다. 이 외에도 "자녀의 성적을 올려준다, 자궁을 맑게 해 득남하도록 해준다, 키를 크게 해준다" 등 그야말로 상식을 벗어나는 광고가 버젓이 대문짝만 하게 지면을 채우고 있다. 비단 한의사뿐만 아니라 일부 의사들, 의료기기 제조업자들, 일반인, 기업가들도 이러한 사이비 과대광고에 편승하고 있고 방송과 언론도 이에 질세라 사이비 의료의 전파에 한몫하고 있다. 최근 텔레비전에서는 '치매 예방약'을 한의학계에서 개발하였다는 '반가운 뉴스'도 있었다. 실로 세계 제약업계를 뒤집을 만한 사건이 아닐 수 없으나 대부분의 의료관련 '획기적인' 언론보도에서와 마찬가지로 이를 정말로 믿는 의사는 없다. 이와 같은 검증되지 않은 사이비 의료와 상식선을 넘어도 한참 넘는 이런 과대광고로 인한 피해는 고스란히 국민에게 돌아가고 있으나 국민의료를 책임질 의료계와 정부는 뒷짐만 지고 나 몰라라 하고 있다. 실로 의료인과 정부의 직무유기라고밖에 볼 수 없다.

이제 우리는 어쩌다가 이 지경까지 되었는지 그 이유를 생각해보고 이에 따른 해결책을 모색해야 한다.

첫째, 지금과 같이 사이비 의료가 기승을 부리는 것은 국민의 의료인에 대한 신뢰가 추락한 것도 한 이유라고 생각된다. 보건의료란 국민(소비자), 의료인(공급자), 정부(관리자), 이 세 축이 상호 간의 존중과 신뢰를 바탕으로 협동하면서 함께 이끌어가야 성공할 수 있다. 그런데 의사들이 의료소비자인 국민의 처지에서 생각하기보다는 눈앞의 작은 이익에 급급하여 매사 의사와 병원의 입장만 주장하는 듯한 인상을 주었기 때문에 국민의 신뢰와 사랑을 잃게 된 것이 한 원인이라고 생각된다. 물론 아주 극소수 의사들의 비윤리적인 행위, 그리고 이를 마치 모든 의사의 잘못인 양 떠벌리는 언론과 정부의 태도도 이런 의사 불신 분위기 조장에 크게 한몫을 한 것도 사실이다. 그러므로 신뢰를 회복하기 위해서는 이제부터라도 눈높이를 고객(환자, 국민)에 맞추어야 하며 동시에, 외압에 의해서가 아닌, 의료계 내부로부터 시작되는 자정활동도 반드시 병행되어야 할 것이다. 일시적으로 의사들 개인의 희생과 인내가 요구될 수도 있으나 의료계 발전과 국민건강을 위한 일이라는 대의를 위하여 반드시 거쳐야 할 필수 과정이라고 생각된다.

둘째, 현대의학을 전공한 의사들의 의사소통능력이 한의사를 비롯한 타 전문직에 비해 부족한 것 같으며 이로 인한 피해는 의사 자신들뿐 아니라 국민에게까지 미친다. 우리는 라디오나 텔레비전에 고정 출연하여 듣기 좋고 설득력 있는 매끄러운 말들을 쏟아내며 감성을 흔드는 의료인의 대부분이 한의사임을 잘 알고 있다. 이들의 언론장악능력이 몇 수 위임을 인정하지 않을 수 없다.

물론 현대의학으로 해결되지 못하는 문제들이 많으므로 이런 틈새를 비집고 사이비 의료가 기승을 부리는 것은 지푸라기라도 잡고 싶은 환자 입장에서 본다면 어쩌면 당연하다고 볼 수 있다. 단지 우리가 우려하는 점은 이러한 잘못된 의료행위로 말미암아 환자들의 병이 더 악화되거나, 재정 파탄에 이르거나, 또는 멀쩡했던 사람이 더 건강해지려고 욕심을 부리다가 오히려 건강을 잃을 수도 있다는 점이다. 바로 이런 이유 때문에 의료인들이 사이비 의료를 방관만 하지 말고 적극적으로 국민에 대한 계몽과 교육, 그리고 연구에 앞장서야 한다.

셋째, 의료계가 갈등과 분열의 늪에 빠져서 허우적거리는 사이 정부는 사이비 의료를 막지 못하고 오히려 앞장서서 이를 조장하는 일을 벌이고 있다. 의대와 한의대의 통폐합만이 정답임에도 불구하고 의료계가 항의 한번 제대로 못 하고 귀중한 시간을 허비하고 있는 사이 국립 한의학전문대학원을 신설할 대학 선정이 조만간 마무리될 모양이다. 그리고 이것만으로도 부족해서 최근 보도에 의하면 정부는 '허준 엑스포', '한방 체험관', '신동의보감 편찬', 그리고 남북공동으로 '통일 의학'(무슨 의학인지?) 등의 토대조성을 할 계획이라고 한다. 또한, 한의학 관련 연구비는 최근 수년 동안 급증하면서 이미 수백억 원의 세금이 퍼부어지고 있다. 가히 현대의학의 경쟁상대는 400년 전에 활동하였던 허준인 셈이다. 의사들이 그렇게 열심히 주장해왔던 의료 일원화는 '의사들만의, 의사들만을 위한' 공허한 메아리로 되어버렸고 일반 국민과 정부는 이를 의사들의 '밥그릇 지키기' 구호 정도로밖에 인식하지 못하는 것 같다. 한의학과의 통합은 고사하고 정부는 오히려 한의학을 우리나라 '민족의학'으로 육성하고자 하는 의지를 더욱 강하게 표명하고 있으며 이러한 일련의 움직임들이 유별나게 '순수 혈통주의'를 고집하는 우리 국민 정서와도 맞아떨어지면서 '의료 민족주의'를 낳고 있어 현대의학의 입지를 더욱 어렵게 만들고 있다.

상황이 이러한데 현대의학을 전공하는 우리가 어디서부터 개입을 해야 하는지, 아니 도대체 우리가 원한다고 개입을 할 수나 있는지 정말 걱정이 된다. 한의사들 단독으로 과연 이런 엄청난 국민 세금을 퍼부을 만큼 가치 있는, 세계적으로 인정받고 실용 가능한 연구결과가 나올지 매우 의심스럽다. 또한, 한의학도 결국 human science(인간 과학)를 연구하는 학문이므로 현대의학 연구자들과의 합동연구가 절대 필요함에도 불구하고 정부출연 대형 한의학 연구과제에 수준급 임상연구자들이 포함된 것 같지 않아 더욱 걱정된다.

넷째, 현재 의료계가 당면한 가장 심각한 문제는 리더십과 구심점이 없다는 점이다. 어느 단체나 언젠가는 위기를 맞게 마련이고 조직의 구성원 모두가 합심하여 노력하면 극복하지 못할 위기는 없다. 단 이에는 한 가지 필수 조건이 있다. 즉 강력하고도 도덕적으로 똑바른 리더가 있어야만 가능하다는 것이다. 이런 측면에서 볼 때 현재의 위기를 극복하고 거듭나는 의료계가 되려면 가장 먼저 리더십을 회복해야 한다. 현재의 의료계는 구심점이 없이 크고 작은 여러 단체가 난립하면서 소속 집단의 이익만을 대표하는 상황이다. 이런 와중에 8만 의사들을 대표하는 의협 수장의 도덕 불감증과 리더십 부재로 인하여 이미 추락한 신뢰를 회복하기는커녕 의사사회 전체가 국민과 정부로부터 비웃음과 불신임의 대상이 되고 있는 것 같아 매우 안타까우며 나아가서 향후 의사사회 전체가 받을지도 모를 불이익이 심히 우려된다.

이제 대세가 이렇다면 우리 자신은 물론이고 국민과 국가가 입을 피해를 최소화하기 위하여 우리가 할 수 있는 일이 무엇인지를 모색해야 한다. 시간이 없으나 그렇다고 지름길이 있는 일도 아니다. 이미 실타래같이 엉켜버린 일련의 사태들을 하나씩 차근차근 풀어가야 한다. 인내와 끈기를 가지고 사안마다 문제 제기와 함께 최선의 대안을 마련하면서 국민과 언론, 정부를 이해시키고 설득시켜 나가야 한다. 단 매사를 소비자인 국민의 눈으로 보아야 한다는 점을 기억해야 할 것이다. 소위 '고소득층', '기득권층'으로 분류되는 의사가 개업이 어렵다고, 병원이 망할 지경이라고 아무리 부르짖어도 국민과 정부는 눈 하나 깜빡하지 않는 냉정한 현실을 직시해야 한다. 신뢰와 존경을 회복하는 길만이 유일한 해결책이고 우리가 앞으로 해야 할 일이다. 이제부터라도 과거 의약분업 파업 때와 같이 의료계의 모든 구성원이 합심하여 일사불란하게 제대로 된 하나의 목소리를 내야 한다.

리더가 얼마나 중요한지, 그리고 리더의 도덕성이 얼마나 중요한 덕목인지를 우리는 과거와 현재의 우리나라와 외국 여러 나라를 보면서 새삼 가슴에 사무치게 깨닫고 있다. 뼈를 깎는 어려움이 있더라도 의료계의 도덕성 회복과 더불어 산산이 쪼개진 리더십을 재정비하는 것이 지금 가장 먼저 해야 할 일이다.

〈의사신문〉 2006년 10월 26일

지금이 의대·한의대 통폐합의 적기(適期)다

건강보험지출이 급상승하며 이에 따른 재정적자가 큰 문제로 대두되고 있으나 획기적인 조치가 없는 한 조만간 해결될 기미를 보이지 않고 있다. 이런 현상을 초래한 많은 원인 중 하나로 의사 숫자의 증가가 지적되고 있으므로 의대 입학 정원을 줄여야 한다는 주장이 최근 다시 나오고 있다. 현재 우리나라 의사 수는 약 11만 명이고 한의사 수도 약 17,000명에 달하며 매년 3,400명의 의사와 850명의 한의사가 새로 배출된다. 의대와 한의대를 합한 입학 정원도 인구 10만 명당 7.9명으로 미국 6.5명, 캐나다 6.2명, 일본 6.1명보다 훨씬 많은 세계 최고 수준이다. 그러나 의사와 한의사 숫자가 많다는 사실보다 더 심각한 문제는 의대와 한의대 숫자가 너무 많고, 의료 자체가 세계에서 유례를 찾을 수 없을 정도로 철저하게 이

분화되어 있다는 점이다. 이 두 문제가 우리나라 의학발전의 커다란 걸림돌인 것은 물론이고 국민건강악화, 건강보험재정적자, 연구의 부실화, 세금낭비, 고급인력 낭비와 이에 따른 이공계의 부실 등 국가 발전에 심각한 해악을 끼치고 있다.

현재 우리나라 의대(의학전문대학원 포함) 수는 41개이며 한의대 11개, 그리고 3년 전에 의료계의 반대 속에 신설된 한의학전문대학원 1개로 모두 53개이며, 이 숫자는 인구대비 미국, 영국, 일본의 2.5배로 OECD 국가 중 가장 많은 숫자이다. 이렇게 많다 보니 대학 간 교육의 질에도 큰 차이가 있어 교수와 학생 비율 한 가지만 보더라도 신입생 정원 50명에 총 교수 수가 불과 30명인 대학에서부터 입학정원 40명에 교수 수가 무려 604명인 대학도 있다. 그나마 의대에는 (비록 구속력은 없지만) 인정평가제도라는 질 관리 프로그램이라도 있지만, 한의대에는 이마저도 없다.

현대의학과 한방으로 완전히 분리된 의료 이원화로 인한 피해는 이루 말할 수 없이 많다. 특히 암과 같이 치료가 복잡한 병일 경우 더 심해 판단이 어려운 환자들이 양쪽 의료를 사이에 두고 우왕좌왕하느라 치료시기를 놓치거나, 또는 검증되지 않은 잘못된 치료를 받느라 '몸 버리고 돈 버리는' 이중고를 겪는 일이 흔히 일어나고 있다. 또한, CT 촬영(컴퓨터 단층촬영)이나 초음파검사 등 현대의료기기사용에 대한 한의사들의 요구가 급증하면서 의료계와의 갈등도 끊임없이 발생하고 있고 그 피해는 고스란히 환자들에게 돌아가고 있다. 한의대 학생 교육에 현대의학 교육과정의 많은 부분이 포함된 것은 잘 알려진 사실이며 현대의학의 동참 없는 한의학 연구의 상당 부분이 부실할 가능성이 높아 세금 및 고급인력 낭비로 이어질 위험이 있다.

이와 같은 문제들 때문에 현대의학과 한의학을 통합하려는 시도가 과거 두어 번 있었으나 양측 이해관계의 충돌로 번번이 실패하였다. 그러나 이제는 한방 진료와 연구에서 현대의학으로부터의 협력이 필요하다는 인식이 점차 부각되고 있다. 또한, 한의사들의 개원 상황이 과거와 달리 어렵고 한의대 졸업생들의 취업과 수련 받을 기회도 쉽지 않은 지금이 바로 의료일원화의 가장 적시라고 판단된다.

이제 의대와 한의대를 통폐합하고 정원을 줄여서 신입생을 선발하여 현대의학교육과정을 모두 마친 다음 졸업 후 수련과목을 선택할 때에 한방을 공부하고 싶은 학생은 한방소아과, 한방산부인과와 같이 각자 전공분야를 선택하면 될 것이다. 그리하면 진료상의 혼란도 없어지고 결과적으로 의료비 절감뿐 아니라 의료의 질도 높아지면서 환자의 만족도도 높아질 것이다. 또한, 표준화되고 정량분석이 가능한 과학적 접근을 통하여 의학과 한의학을 접목하여 신의료 기술과 신약에 대한 공동연구와 개발을 한다면 그 성과는 세계

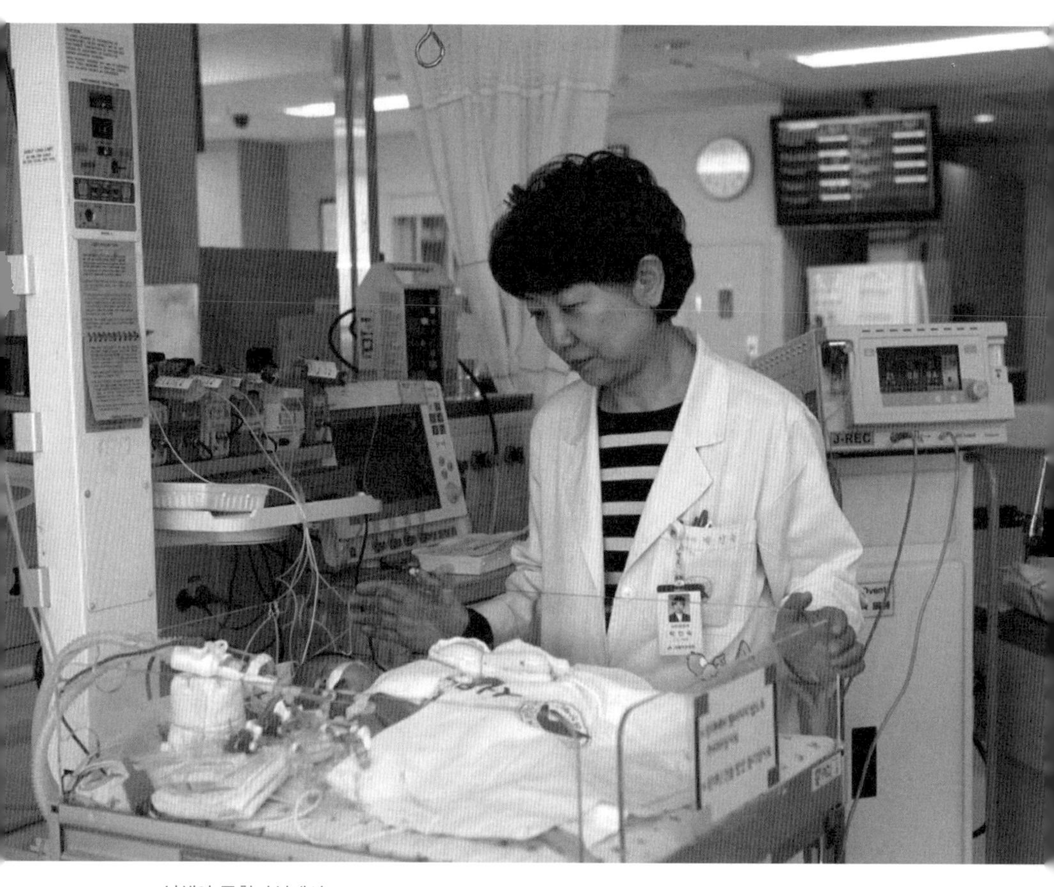

신생아 중환자실에서

어느 나라도 따라 할 수 없는 우리나라만의 고유한, 그리고 강력한 미래 성장 동력이 될 것이다. 나아가서 통폐합 후 구속력 있는 인정 평가 제도를 도입한다면 학생 교육의 질이 높아질 것이고 그 혜택은 고스란히 국민에게 돌아갈 것이다. 의료계 당사자들과 정부 당국의 현명하고 과감한 결정을 기대한다.

〈의협신문〉 2011년 5월 16일

제4장

이공계 살리기

이공계가 망하면 의학도 같이 망하게 된다. 훌륭한 의학 연구에는 훌륭한 이공계 연구원이 같이해야 하기 때문이다.

– 박인숙 글 "이공계가 망하면 의대도 망한다" 중에서

'의대(醫大) 쏠림'은 국가적 인재 낭비

천재 미국인 두 명이 만든 작품, 제임스 캐머런 감독이 만든 3D 영화 '아바타'와 스티브 잡스가 개발한 '아이폰'이 사람들을 열광시키고 있다. 이런 광풍과도 같은 사회 현상을 일으킨 작품들은 물론 수많은 사람의 피나는 연구 덕분이지만 핵심은 천재의 창의성과 도전정신, 그리고 이를 가능하게 한 사회 환경 때문이다. 이런 사람들의 천재성이 국가 경제에 엄청난 파급효과를 가져옴을 생각할 때 우리의 이공계 현실, 나아가서 국가의 미래를 생각하지 않을 수 없다.

우리나라 의료계의 장래가 마냥 장밋빛이 아님에도 불구하고 여전히 고교 졸업생 중 성적 상위 0.1% 내에 들어도 원하는 의대 입학이 어려울 정도로 우수한 학생들이 의대로 몰리고 있다. 특히 의학전문대학원 제도가 시작된 이후 고교 졸업 후 의대로 곧바로 입학할 수 있는 신입생 숫자가 절반으로 줄었기 때문에 종전에 비하여 의대 관문이 더욱 좁아졌다. 또한, 이과계 졸업생 중 의대·치대·한의대를 모두 채운 후에야 이공계 학과로 지원하고 있고 이공계 대학에 진학한 후에도 많은 학생이 의학전문대학원 입학을 또다시 준비하고 있다. 수백 년에 걸쳐서 의학이 발달한 선진국들에 비해서 국내 의학의 역사는 백 년 남짓으로 매우 짧다. 그럼에도 불구하고 의학의 여러 분야가 세계적인 수준에 도달하였고 선진국 의대로 교수를 '수출'할 정도로 국내 의학이 빨리 발전한 것은 이런 우수 인력들이 의대로 몰렸기 때문일 것이다. 그러나 국가 발전을 위해서는 모든 학문, 특히 과학의 균형적인 발달이 필수적인데 지금과 같이 최고 인재들이 의대로만 몰리는 것은 결코 바람직하지 않다. 가족의 권유로 적성에 맞지 않는 의대에 입학하여 고생하는 학생이나 수학·물리학·천문학 등 타 과학 분야에 더 많은 흥미를 보이는 의사들을 보면 참으로 안타깝게 생각된다.

또 다른 문제는 의학전문대학원제도가 이공계 인재육성에 심각한 지장을 주고 있다는 점이다. 따라서 더 늦기 전에 국가가 더욱 획기적인 이공계 지원정책을 펼쳐서 더 이상 수재들이 의대로만 몰리지 않고 원하는 전공을 선택할 수 있는 환경을 만들어 주어야 한다. 또한, 과학 영재들을 발굴하여 창의력을 마음껏 발휘할 수 있도록 지원해 주어야 한다. 아울러 고등학교부터 문과반과 이과반으로 나누어서 학생들의 잠재능력을 일찍부터 제한해왔던 제도도 개선되어야 한다.

의학계에도 수재가 필요하지만, 이과의 최고 수재들을 '싹쓸이' 하는 것은 국가발전을 위해서도 바람직하지 않다. 천재 몇 명의 아이디어가 국가 장래를 책임질 수도 있는 세상이다. 이들을 발굴하고 키우는 것이 국가의 몫이다.

〈조선일보〉 2010년 1월 19일

이공계가 망하면 의대도 망한다

올해 보건복지부 생명과학 관련 R&D 예산이 예고 없이 500억 원 이상 삭감되어 졸지에 연구자들이 직장을 잃고 많은 과제가 중단됐다. 재원 마련 대책도 없이 담뱃값 인상만 바라보다가 이에 실패하자 연구비를 대폭 삭감한 것이다. 현재 국가 지원 연구과제 규정에 의하면 연구원의 월 인건비 상한선은 박사급이 180만 원, 학사급이 100만 원이다. 따라서 이보다 월급을 더 주고 좋은 연구자를 유치하려면 규정을 위반해야 한다. 즉 선의의 연구 책임자들을 정부가 범법자로 몰아가고 있는 게 현실이다. 또 연구원 대부분은 임시직으로, 과제가 중단되거나 끝나면 실업자가 된다. 사정이 이러니 해외에서 공부한 과학도들이 귀국하지 않는 게 당연하고, 수많은 이공계 학생들은 의대로 몰릴 수밖에 없다. 국내 환경이 이같이 열악한데 어떻게 학생들에게 이공계를 택하라고 할 수 있는가?

최근 포스텍의 일등 졸업생이 의대로 편입해 충격을 주었다. '포스텍 일등'만 빼면 이공계 우수 졸업생의 의대 편입은 늘 있던 일이다. 의학전문대학원(의전원)은 물론 6년제 의대에도 국내 최고 이공계 대학을 다녔던 학생들이 수두룩하다. 그리고 이 순간에도 많은 이공계 학생들이 비싼 학원비를 내고 의전원 입시학원에 다니고 있다.

이공계 수재들이 모두 의학을 공부한다면 의학은 세계 최고 수준으로 발전할까? 절대 그렇지 않다. 이공계가 망하면 의학도 같이 망하게 된다. 훌륭한 의학 연구에는 훌륭한 이공계 연구원이 같이 해야 하기 때문이다. 또 다른 이유는 의전원 학생들의 '고령화' 때문이다. 현재 의전원 입학생들의 평균 나이는 28세로 이들이 군 복무, 일반 대학, 의전원 졸업, 졸업 후 수련 등 모든 과정을 마치고 나면 이미 40대에 들어선다. 생물학적으로, 경제적으로 연구는 꿈도 꾸기 어렵다. 그리고 이들이 연구에 몸담지 않을 또 다른 이유는 이들이 이미 이공계 연구의 길이 험난하다는 것을 현장에서 목격하였고, 바로 그 이유 때문에 진로를 바꾸어 의전원에 온 사람들이기 때문이다. 애초에 정부가 모든 의대에 의전원으로의 전환을 강요한 명분이 사교육비 절감, 인성교육 강화 그리고 연구능력 강화였는데 이 목적들이 완전히 실패했음이 드러나는 대목이다.

더 늦기 전에 대책을 마련해야 한다. 우선 연구비 자체를 증액해야 한다. 낭비되는 세금의 일부라도 과감하게 이공계에 투자해야 한다. 연구원의 월급을 현실화하고, 우수 인력이 연구에만 몰두할 수 있도록 제도적인 뒷받침을 해주어야 한다. 그리고 무엇보다도 R&D 관련 정책 결정이 행정 공무원의 탁상공론으로 이루어져서는 안 된다. 현장에서 온갖 어려움을 직접 체험하고 있는 연구자들의 생생한 목소리가 반영되어야 한다. 끝으로 정부가 일방적으로 모든 의대에 강요하고 있는 의전원 제도에 대한 심각한 재고도 필요하다.

〈조선일보〉 2007년 3월 21일

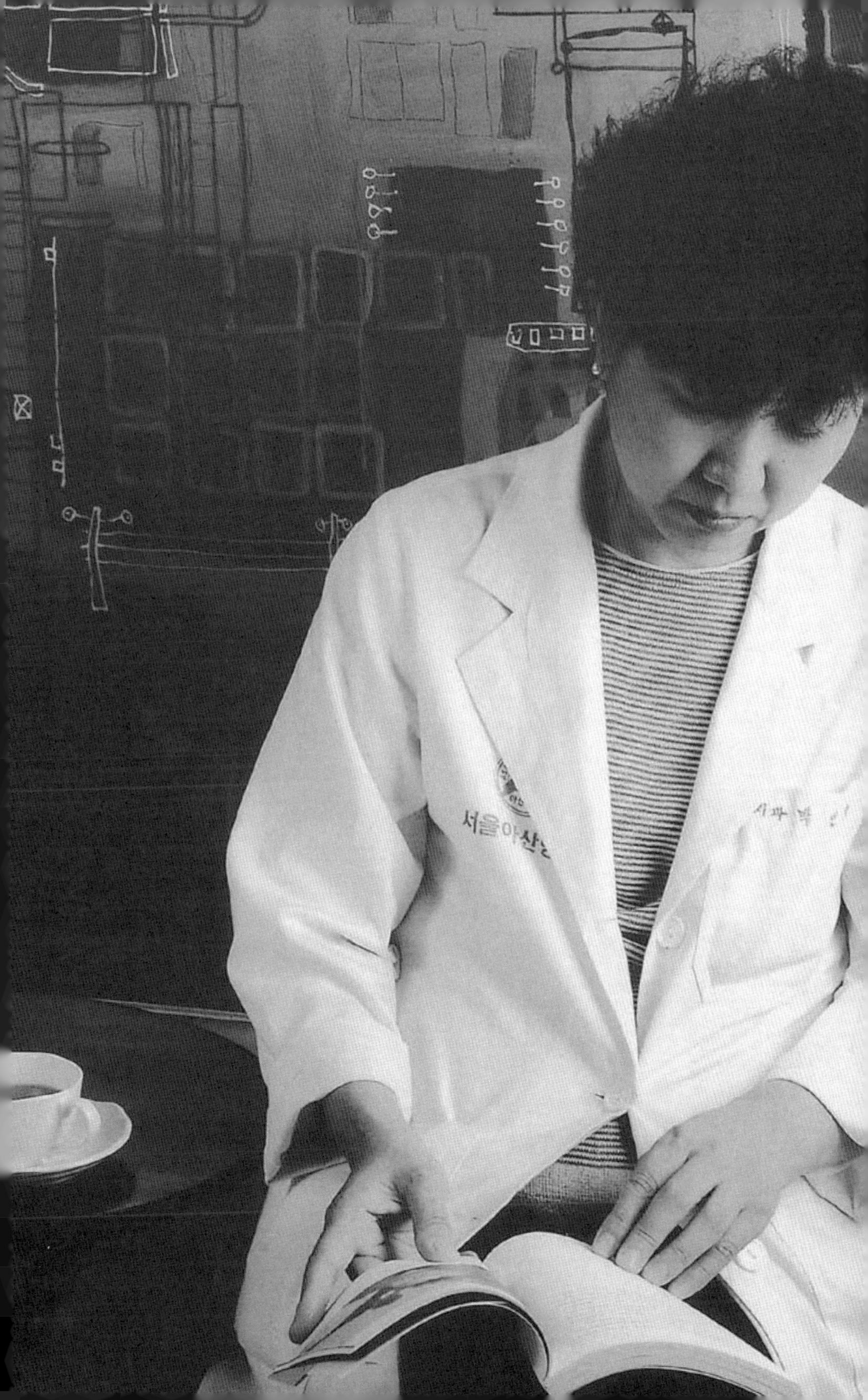

제5장

히포크라테스의 귀환을 꿈꾸며

"In science the credit goes to the man who convinces the world, not to the man to whom the idea first occurs."

– Sir William Osler

환자의 말이 교과서입니다

기다리던 흰 눈이 내리는 날 이런 행사를 갖게 되어서 참으로 기쁩니다. 이제 여러분이 드디어 병원에서 환자 옆으로 다가가는 임상실습을 시작합니다. 또한, 여러분은 울산의대 마크가 들어간 흰 가운을 처음 입는 학년입니다.

그러나 처음부터 의대 마크를 넣어서 가운을 제작한 것이 아니라 기존의 가운에 붙이느라고 모양이 매우 촌스러워져서 미안합니다. 그래도 의대마크가 새겨진 가운을 입고 병원 실습을 하게 된 것이 울산의대 학생들의 정체성 확립에 도움이 될 것이며, 또한 이런 행사로 인하여 학생들과 교수님들 간의 유대관계도 돈독해질 것으로 기대됩니다. 지난 16년간 풍납동 캠퍼스에서 울산의대의 발전상을 처음부터 지켜본 교수의 한 사람으로서 개교 이래 처음 이런 행사를 하게 되어서 저 자신 매우 기쁩니다.

사람들이 연설이나 글에서 흔히 저지르는 잘못으로 남이 듣고 싶은 말이 아니라 자기가 하고 싶은 말만 하는 것이 문제이고 오늘 저도 똑같은 오류를 범하고 있는 줄 압니다. 그럼에도, 여러분 중, 단 한 분이라도 오늘의 제 말씀으로 인하여 인생행로가 좋은 방향으로 바뀌게 된다면 더 바랄 게 없다는 심정으로, 그리고 여러분을 한꺼번에 이렇게 만나는 기회가 흔치 않으므로 오늘 저는 여러분에게 하고 싶은 부탁을 모두 하겠습니다.

첫째, 여러분이 앞으로 의사의 삶을 살아가면서 다양한 주제들에 관심을 가지기 바랍니다. 의사의 3대 적은 무지, 무관심, 악덕이라고 합니다. 그리고 의사를 네 종류로 나눈 동양의 명언이 있는데, 병을 고치지도 못하면서 환자를 괴롭히기만 하는 의사를 악의, 병만 고치는 의사를 소의, 병과 병든 인간을 같이 고치는 의사를 중의, 병든 인간과 병들게 하는 사회를 고치는 의사를 대의라고 하였습니다. 여러분은 최소한 중의 이상은 되어야 하고 더 나아가서 사회와 국가의 다양한 문제들에 관심을 가지고 해결하려는 대의가 울산의대 출신 중에서 많이 배출되어야 합니다.

현재 우리나라 의료계에는 불행히도 해결해야 할 문제들이 산적해 있습니다. 그리고 과거와 달리 지금은 의대 졸업생들이 대학이나 병원 근무 또는 개원 이외에 다양한 진로를 모색하고 있으며 이

울산의대 White Coat Ceremony

는 의료계 전체를 위해서 다행스러운 일입니다. 졸업생이 40명으로 적지만 제 욕심은 이 중에서 법조인, 언론인, CEO, 생명과학 연구자, 국회의원, 보건복지부 등 정부 각 부처의 관리, 장관, 국립보건원장, 환경문제 전문가, 복지기관장 등 다양한 직종에서 울산의대 출신들이 활약하고, 그럼으로써 우리나라 의료계와 사회를 바꾸고 이끌어갈 리더들이 여러분 중에서 많이 나오기를 부탁드립니다.

이러기 위해서는 다양한 책을 읽어야 합니다. 인문, 교양, 문학, 역사, 생명과학 책을 많이 읽어야 합니다. 울산의대 의학 도서관에서는 이와 같은 책들을 구입하는 데 많은 투자를 하고 있습니다. 많은 이용 바랍니다.

둘째, 위와 같은 다양한 관심도 좋지만, 학생의 본분은 공부하는 것입니다. 사실 의사는 평생 공부를 계속해야 합니다. 무지로 인하여 환자를 치료하지 못하여 죽거나 불구로 만드는 것은 범죄행위라고 할 수 있습니다.

셋째, 이제 임상실습을 시작하면서 스스로 느끼겠지만, 의사는 언제나 환자의 말을 경청해야 합니다. "Listen to the patient, he is telling the diagnosis."라고 William Osler 경이 한 말이 있습니다. 환자가 즉 교과서입니다. 훌륭한 수사관이 미세한 단서, 또는 흘려듣는 말 한 마디에 사건을 해결하는 것과 마찬가지입니다. 환자의 말, 어린이의 경우는 보호자, 특히 아이 엄마의 말을 무시하면 오판 또는 의료사고의 쓴맛을 보게 됩니다.

넷째, 언제나 정도를 걷기를 바랍니다. 아무리 공부가 어렵다고, 현실이 어렵다고, 편법을 쓰거나 원칙에서 벗어나면 결국 끊을 수 없는 악순환의 고리에 빠지게 됩니다.

다섯 번째 부탁은, 최근에는 많은 사람이 자기가 해야 할 의무는 하지도 않고 권리만을 주장하는 일들이 사회 각계각층에서 벌어지고 있습니다. 의과대학생인 여러분은 지식인이자 앞으로 우리 사회의 리더가 될 분들입니다. 세상을 바꾸도록 작은 힘이나마 한 분 한 분 여러분이 앞장서야 합니다.

여섯 번째, 여러분은 언제 어디서나 주눅 들지 말고 항상 당당하게 행동하십시오. 우리나라 교육이 변해야 하지만 아직까지는 당당하게 자기 발표를 하는 태도가 매우 부족한 현실입니다. 제가 미국에서 수련 받을 때에 회진 도중 의대생들이 교수에게 지난밤에 읽은 전문잡지 몇 페이지에서 누가 무엇을 발표했더라 하면서 잘난 척을 하는 것을 많이 보았습니다. 공부하지 않은 교수는 학생들 앞에서 당황해 하기도 합니다. 우리나라 학생들은 이에 비해서 너무 겸손합니다. 여러분은 의사이자 사이언티스트, 그리고 사회의 리더가 될 분들입니다. 그리고 여러분의 경쟁상대는 세계의 모든 의대생임을 잊지 마시기 바랍니다. 겸손이 물론 중요하지만, 과학에서의 침묵이나 겸손은 절대 미덕이 아닙니다.

일곱 번째 부탁은, 아직 여러분은 의사는 아니지만, 앞으로 따뜻한 마음을 가진 의사가 되어야 합니다. 병을 고친다는 생각보다 병을 가진 사람, 그리고 그 가족들을 보살핀다는 생각을 가져야 합니다. 마음이 차가운 의사, 공명심에 사로잡힌 의사가 되려면 환자를 치료하기보다 차라리 지금부터 실험실에서 혼자 연구하는 방법을 모색하는 것이 인류복지를 위해서 더 좋습니다.

최근 아산병원에서 발간한 환자들의 수기인 『가슴마다 사랑을』이라는 책을 제가 읽어보았는데 임상실습 하기 전에 여러분 한 사람도 빠짐없이 끝까지 읽도록 추천합니다. 그 이유는 우리가 환자를 볼 때에 언제나 의사의 입장에서만 보았지 환자의 입장이 되어서 생각해 본 적은 거의 없기 때문입니다. 그리고 환자뿐 아니라 가족들이 어떻게 고통받는지도 아주 적나라하게 적혀 있습니다. 의과대학에서의 어떠한 인성교육 프로그램보다 더 효과적이며 덤으로 얻는 혜택으로는 각종 질병과 환자관리에 대한 폭넓은 지식을 손쉽게 얻을 수 있다는 점입니다. 이 책을 의대에서 일괄적으로 사서 나눠줄 예정이며 학생들이 모두 읽어야 합니다.

여러분은 선택받은 운이 좋은 분들입니다. 이제 남은 2년의 의대생활을 무사히 끝내라는 말 대신 저는 그 2년을 앞으로 여러분 인생의 큰 도약을 준비하는 기간으로 생각하라고 말하겠습니다. 미래는 준비된 사람들 몫입니다. 제가 좋아하는 성경 말씀에 "구하라, 그러면 얻을 것이요, 찾으라, 그러면 찾을 것이요, 두드려라, 그러면 열릴 것이다."라는 말이 있습니다. 구하지 않으면 아무것도 얻을 수 없고 해보지 않으면 어떤 일도 성취할 수 없습니다. 여러분 한 분 한 분의 미래가 도전과 성취로 가득 찬 미래가 될 수 있도록 기원합니다.

〈임상실습을 시작하는 의대 학생들을 위한 축사〉 2005년 3월 15일

의사의 무지는 비윤리적 행위입니다

여러분의 졸업을 축하합니다. 그리고 참석해주신 학부모님과 교수님들 감사합니다. 아울러 이십 년 넘게 학생들의 뒷바라지를 해오신 학부모님들에게도 진심으로 축하드립니다. 학장이 특별히 신경을 써주지도 못했는데 졸업생 여러분 모두 국가고시에 합격하여서 대단히 기쁘고 고맙습니다.

『공부가 제일 쉬웠어요』라는 책도 있지만, 이 말은 정말 사실입니다. 학생 때가 제일 마음 편한 시절입니다. 이 사회에는 공부보다 훨씬 어렵고 이해하지 못할 일들이 아주 많습니다. 영어로 "welcome aboard"라는 표현이 있습니다. "같은 배에 탄 것을 환영한다."라는 뜻이죠, 즉 이제 여러분은 잔잔한 바다뿐 아니라 험한 풍랑도 우리와 함께 헤쳐나갈 배를 탈 자격을 얻은 것입니다.

지금 여러분은 학생신분으로서 마지막으로 들어야 하는 강의가 되고 저로서도 여러분에게 하고 싶은 말을 할 수 있는 마지막 기회이므로 다소 듣기 싫더라도 제 말씀을 들어주시기 바랍니다. 잔소리라고 생각할 수도 있는 당연한 말들이지만 여기 계신 분들 중, 단 한 분이라도 오늘의 제 강의로 인하여 올곧고 가치 있는 의사로서의 삶의 실마리를 찾게 된다면 큰 보람으로 생각하겠습니다.

의사를 의사답게 만드는 기본자격으로 크게 두 가지를 들 수 있습니다. 지식과 인성 또는 도덕성이라고 할 수 있습니다. 평생 지속적인 교육을 통하여 얻는 탄탄한 실력은 의사의 기본이며 의사가 무지로 인하여 환자를 고치지 못하는 것은 용납될 수 없는 비윤리적인 행위입니다. 이제 여러분은 모두 의사 면허증을 받으셨지만, 의사시험이라는 것이 지식만을 검증하는 제도로서 사실 훨씬 더 중요한 도덕성은 알 수 없다는 문제를 안고 있습니다.

인터넷이 발달하고 수많은 정보가 낱낱이 온 천하에 공개되면서 세상은 점점 투명해지고 있습니다. 그래서 진실과 정직이 최고 덕목의 자리를 되찾아가고 있습니다. 구태여 '줄기세포조작사건'을 예로 들 필요 없이 인터넷시대의 도덕기준이 얼마나 엄격해야 하는지 여러분도 잘 알고 있을 것입니다.

여러분이 학생 신분을 끝내고 수련과정을 거친 후 사회에 나가서 개원하든지, 교수 또는 연구자, 관리자, 그 밖의 새로운 분야를 개

울산의대 히포크라테스 선서

척하든지, 항상 양심의 소리에 귀를 기울이고 원칙대로 산다면 돈을 좀 덜 벌고, 승진을 좀 늦게 하더라도, 또는 논문을 좀 덜 쓰더라도 후회 없이 평온한 마음을 가지고 보람된 일생을 즐기게 될 것입니다. 조금 돌아가더라도 올바른 길만을 간다면 당장에는 미련해 보이고 손해를 보는 것 같지만 결국 그 길만이 진정한 승리로 가는 길입니다.

이제 여러분이 의사가 되었다고 진로 모색이 끝난 것이 아닙니다. 어제오늘 새삼스러운 일도 아니고 인류역사상 항상 그래 왔지만, 현재 우리나라 의료계에는 해결해야 할 문제들이 산적해 있습니다. 진료 이외에도 다양한 분야에서 우리나라 의료계와 사회를 바꾸고 이끌어갈 리더들이 우리 울산의대 졸업생 중에서 많이 나오기를 기대합니다.

지금 세계의 대통령, 수상, 총리 등 국가 지도자들 중에는 의사 출신이 많습니다. 그 중 몇 예만 들어보면 우루과이 대통령은 암 전문의, 말레이시아 총리는 산부인과 의사, 최근 당선된 칠레의 최초 여자 대통령은 소아과 의사, 에콰도르 대통령은 심장전문의 등입니다. 여러분에게 대통령이 되라는 말이 아닙니다. 다만, 인간을 다루는 의사라는 숭고한 직업을 선택한 여러분 앞에는 이와 같이 무궁무진한 가능성과 기회가 열려 있다는 것을 새삼 말씀드리려고 이런 예를 들었습니다.

"불가능을 꿈꾸는 사람을 나는 사랑한다." 이 말은 제가 하고 싶은 말인데 괴테가 먼저 했습니다. 의사, 연구자, 리더에게는 끊임없는 도전정신이 필요합니다. 여러분의 재산은 여기 같이 앉아 있는 동료와 교수님들, 그리고 가족입니다. 여러분은 이곳 울산의대를 더 큰 도약을 위한 베이스캠프로 생각하고 더욱더 밖으로, 세계로 뻗어 나가야 합니다.

끝으로 짧은 시 한 편을 읽고 마치겠습니다. 에밀리 디킨슨의 시인데 장영희 서강대 교수의 책에서 베낀 것입니다.

내가 만약 누군가의 마음의 상처를 막을 수 있다면
헛되이 사는 것 아니리

내가 만약 한 생명의 고통을 덜어 주고
기진맥진해서 떨어지는 울새 한 마리를
다시 둥지에 올려놓을 수 있다면
내 헛되이 사는 것 아니리.

여러분의 졸업을 다시금 축하드리며 앞날에 무궁한 영광이 있기를 진심으로 기원합니다.

〈울산의대 히포크라테스 선서식 축사〉 2006년 2월 21일

의학교육이 나아갈 길

울산의대가 개교한 지 20년이 지났다. 그동안 사회 모든 분야에서 격심한 변화가 있었고 의료인들도 이에 따른 큰 풍랑을 겪고 있다. 의료계에도 수많은 난제가 앞을 가로막고 있지만 가까운 시일에 좋아질 기미조차 보이지 않고 있어 지금의 의대생들도 이를 피해 가지는 못할 것이다. 이런 와중에 2004년부터 울산의대 학장직을 수행한 2년이라는 기간은 다소 짧은 감은 있지만 그래도 본인에게는 참으로 많은 것을 배우고 생각하게 한 소중한 시간이었다. 이제 개교 20주년을 기념하는 글을 부탁받고 학장 임기 중 못다 한 일들, 후회스러웠던 일들에 대한 회상은 마음 뒤편에 접어두고 대신 앞으로 울산의대의, 나아가서는 우리나라 의학교육이 나아갈 방향을 모색해 보는 것도 가치 있는 일이라고 판단되어 이를 요약하고

자 한다.

"Half of what the faculty teaches to medical students is wrong, but the faculty does not know which half."

교수들이 의학도에게 가르치는 것의 절반은 잘못된 것이지만, (문제는) 그들도 그 절반이 무엇인지 모른다는 것이다.

오래전에 하버드 의대 학장이었던 시드니 버웰 박사(Dr. C. Sydney Burwell)가 했던 말이라고 한다. 의과대학에서 학생들에게 가르쳐야 할 지식이 기하급수적으로 증가하고 있다. 그러나 현재 옳다고 알려진 모든 지식을 학생들이 전부 알아야 할 필요도 없고 그렇게 하는 것도 물리적으로 불가능에 가깝다. 그러므로 의대 교육에서는 의학의 기본 원리를 중심으로 필수 교육을 하면서 지식보다 더 중요한 인성교육과 윤리교육, 그리고 사회현상에 대한 통합적인 교육을 포함 시키는 것이 옳다고 생각된다.

현재 우리나라 의학교육의 가장 큰 문제는 상상력과 창의력을 갖춘 글로벌 인재를 키우기 어렵다는 점이다. 아마도 이는 의대뿐 아니라 우리나라 교육 전체의 공통된 문제일 것이다. 모든 것이 시험성적 순의 서열화, 심지어는 인턴, 전공의 선발도 점수를 기반으로 하고 있다. 과외가 성행하는 중·고등학교와 별반 다르지 않다. 그야말로 상상력, 창의력이 말살되는 교육이다. 과거에도 그랬지만, 특히 앞으로는 창의력이 뒷받침되지 못하고 남이 이루어 놓은 것을 따라만 해서는 절대 남을 선도하지 못할 것이다. 우리나라에서 극소수 최고의 인재들이 모인 의대에서 이런 교육을 하지 못한다는 것은 안타까운 일이고 인적 자원의 낭비라는 생각조차 드는 것은 필자만의 생각이 아닌 것 같다. 암기 잘하고 정답 잘 맞추는 붕어빵 의사들을 양산하는 것은 아닌지 반성해볼 필요가 있다. 이런 식의 교육을 받고 졸업한 후에 다시 인턴과 전공의 채용시험 역시 점수로 결정되는 것이 현실이니 이들의 고민을 이해 못 할 바는 아니지만 우려되는 상황이다. 앞으로의 의대 교육은 전문성과 창의성을 모두 겸비한 의료인을 양성해내는 데 초점이 맞추어져야 할 것이다. 이들에게는 전문 지식도 중요하지만 동시에 사회, 정치, 경제, 문화, 철학, 예술 등 다양한 분야에 관심을 가지도록 도와서 세계를 선도하는 리더가 탄생할 수 있는 환경을 만들어 주어야 한다.

또 하나 강조하고 싶은 것은 타인의 생명을 다루는 의료인 양성에 인성교육과 윤리교육을 좀 더 적극적으로 그리고 효과적으로 해야 한다는 점이다. 몇 해 전 서울아산병원 인턴이 숙소에 더운물이 나오지 않는다고 자기 어머니에게 불평하니 그 어머니가 병원장에게 전화해서 항의했다는 이야기가 자주 회자되고 있다. 또한, 어렵게 선발한 전공의들이 수련 도중 아무런 대책 없이 갑자기 그만두는 일은 이제 아주 흔한 일이 되어버렸다. 물론 이런 일들이 일어나는 것이 반드시 의대 교육이 잘못되어서만은 아닐 것이다. 최근에 만연하는 사회 풍조만 보아도 개인의 책임이나 의무보다는 권리만을 주장하는 잘못된 방향으로 가는 것 같다. 그런데 남들보다 좀 더 많은 교육을 받았고 최고의 지성인으로 선택받은 의대학생이나 의사들조차도 이런 점에서 예외가 아닌 것 같아서 매우 유감스럽다. 최근 의료기술의 눈부신 발달로 말미암아 의료관련 윤리문제들도 점차 복잡해지고 있으므로 이에 발맞추어 윤리교육도 변해야 한다. 임상에서의 다양한 윤리문제들은 물론이고 연구윤리도 좀 더 구체적이고 현실에 맞게 달라져야 한다.

또 하나 우리나라 교육의 근본적인 문제는 말하기와 글쓰기 실력의 부족이다. 본인이 선진국 병원에 처음 갔을 때 받은 충격은 그곳 학생과 전공의들의 발표력과 토론실력이었다. 선진국에서는 어릴 때부터 토론 문화가 발달 되어 있고 에세이 쓰는 훈련을 강하게 받는다. 우리나라는 "침묵은 금이다."라는 오랜 유교 전통사상으로 말미암아 말하기 능력이 떨어지는 것이 사실이다. 그러나 현대 사회에서는 단순히 알기만 해서는 경쟁력을 키울 수 없다.

"In science the credit goes to the man who convinces the world, not to the man to whom the idea first occurs."

과학의 세계에서 영예는 세상을 확신시켜준 사람의 몫이지, 아이디어를 처음 생각해 낸 사람의 몫이 아니다.

유명한 심장 의사였던 윌리엄 오슬러 경(Sir William Osler, 1849~1919)의 말이다. 즉 아무리 훌륭한 아이디어도 먼저 생각해낸 사람 몫이 아니라 이를 실천한 후에 글로 발표한 사람 몫이라는 말이다. 작금의 의료계의 수많은 문제가 해결되지 못하는 이유도 의료계가 설득력 있는 말과 글로 국민과 정부를 이해시키지 못한 것도 중요한 요인 중 하나라고 생각된다. 따라서 의대 학생 교육부터 발표력과 에세이 실력을 향상시켜 줄 것을 부탁한다.

마지막 제안이 하나 더 있다. 의과대학 학생 때 물론 국내의료봉사도 중요하지만, 저개발 국가에 가서 하는 해외의료봉사를 한번은 꼭 가보도록 권하고 싶다. 의사가 되려는 학생들에게 봉사정신은 아무리 강조해도 지나치지 않겠지만, 그 방법이 우리나라보다 훨씬 어려운 나라들의 비참한 현실을 직접 눈으로 목격하는 것도 다른 어떤 봉사활동보다 더 값진 경험이 될 것이다. 이를 통해서 얻을 수 있는 또 다른 수확은 세계적인 건강 문제(global health issue)를 직접 체험함으로써 미래를 바라보는 눈을 좀 더 멀리, 넓게 둘 수 있고 그럼으로써 글로벌 리더의 자질을 좀 더 충실히 배양할 수 있다는 점이다.

이제 울산의대 졸업생들이 울산의대뿐 아니라 국내 유수 의과대학의 교수로 진출하고 있으며 교수직이 아니더라도 다방면에서 두각을 나타내고 있는 것은 매우 기쁜 일이다. 모쪼록 앞으로도 울산의대가 격동하는 외부환경에 발 빠르게 대응함으로써 미래에는 울산의대 출신들이 우리나라 의료계에서뿐 아니라 세계적으로도 훌륭한 업적을 많이 이루기를 기원한다.

『울산의대 20년사』, 2009년 1월

거꾸로 가는 의학용어

"복통을 호소하는 55세 된 남자 환자입니다. 수년 전 막창자 꼬리염 수술을 받았고 이자염을 앓은 적도 있습니다. 감별진단으로 괴사작은창자큰창자염, 거짓막잘록창자염, 깔때기콩팥염이 의심되며 환자가 각종 위창자길 암에 대한 걱정이 많아 샘창자, 잘록창자, 큰창자 보개검사 받기를 원합니다. 심전도법에서 심방잔떨림과 심방된떨림이 보였고 피배양검사에서 포도알균과 구슬알균이 자라서 오염이 의심됩니다. 굴 엑스선 사진에서 굴염이 보였고 빗짱뼈, 넙다리뼈, 두덩뼈 사진에서 뼈엉성증이 의심됩니다. 과거력 중 관상동맥에 덧대를 넣은 상태입니다."

의학용어를 순수 우리말로 바꾸었을 경우 벌어질 가상 장면이다.

"의학용어, 국제화 해야 한다" 심포지엄 주제발표

나는 언어학자도 아니고 다만 매일 학생과 전공의들을 교육하고 환자를 진료하는 임상의사로서 과거 십여 년에 걸쳐 추진되어온 의학용어 개정에 관하여 아래와 같은 문제점을 지적하고 이의 개선을 촉구하고자 한다.

첫째, 언어라는 것은 상호 간의 보편적인 약속이다. 그러므로 사회적인 공감대나 합의 없이 일부 학자가 우긴다고 모든 국민이 사용하는 언어를 어느 날 갑자기 바꾸어서는 안 된다. 우리나라 의학용어 사전은 과거 수년마다 재발간하면서 그때마다 새로운 용어사용을 주장하여왔다. 그러나 변경된 용어를 진료나 강의 도중 사용하는 의사는 아무도 없다. 아니 대부분은 용어가 바뀐 줄도 모르며 이에 관심도 없다. 다만, 의사시험을 앞둔 의대생들, 그리고 국내

의학용어 한글화 토론회 발표

학술지에 논문을 보내는 의사들만이 바뀐 용어를 사용할 뿐이다. 또한, 이렇게 써진 한글논문을 읽는 독자들도 [생소한 '순 한글' 용어] → [기존의 용어] → [영어]로 이중 번역을 해야 하는 불편한 과정을 거쳐야만 비로소 논문 내용을 이해할 수 있어 국내 학술지를 쉽게 읽게 되지 않는다.

짐작건대 의학용어를 순수 우리말로 바꾸려는 시도는 민족주의의 발로라고 생각된다. 즉 우리가 일상 사용하는 언어에서 중국과 일본의 흔적을 없애려는 시도라고밖에 볼 수 없다. 그러나 지난 수천 년에 걸쳐서 우리 말 속에 깊숙이 뿌리 내린 한자를 어느 날 갑자기 모두 지우고 순수 우리말로 바꾸려는 시도는 필요 없을 뿐 아니라 가능하지도 않다. '균'도 한자인데 연쇄상구균을 구태여 '구슬알 균'으로 바꾼다고 순수우리말이 되는가? 그리고 골다공증, 대장암이라고 하면 쉽게 이해하는데 이를 '뼈엉성증, 잘록창자암'으로 바꾸라고 의사들뿐 아니라 국민 모두에게 강요할 권한은 그 누구에게도 없다. 지금 새삼스럽게 의학용어를 바꾸려는 것은 우리나라 의학발전, 나아가서 국가경쟁력을 저해하는 일이다. 이제는 이러한 민족적 피해의식에서 벗어나도 될 만큼 우리 국민, 특히 젊은이들의 의식이 성숙하였고 자신감이 넘치고 있다.

둘째, 의학용어는 의사들만을 위한 전유물이 아니라 간호사, 기사, 언론인, 나아가서 모든 국민이 매일 사용하는 보편적인 의사소통 수단이다. 또한, 의학용어를 바꾸면 의사 국가고시뿐 아니라 간호사, 기사 자격 시험문제도 모두 바꾸어야 할 것이며 학술지, 의학 서적뿐 아니라 간호사, 기사들의 교과서, 생물학 교과서, 초·중·고 학생 교과서도 모두 바꾸자는 것인가? 의사들만 용어를 바꾸면 각 직종 간, 그리고 의사와 환자, 의사와 국민 간의 의사소통은 어떻게 할 것인가?

셋째, 세계는 지금 국경 없는 무한경쟁 시대이고 영어실력이 곧 국가경쟁력인 세상이다. 우리나라가 세계적인 경쟁력을 갖추려면 전문 분야에서의 전문성은 물론 영어실력도 매우 중요하다. 그러나 거의 모든 국민이 영어교육에 매달려 엄청난 돈과 시간을 쏟아 부었음에도 영어 공포증에서 벗어나지 못하는 나라는 아마 우리나라와 일본뿐일 것이다. 영어교육의 중요성은 두말 할 필요도 없지만 구태여 나열한다면 다음과 같다.

1) 우리는 일본의 실패에서 배워야 한다. 일본의 논문이 전문 학술지 발표에서는 상당히 높은 수준에 도달하였음에도 불구하고 일본학계가 세계의료계에서 비주류로 머무는 이유는 영어로 발표와 토론이 원활하지 못하기 때문이다. 일본 학자들 스스로 인정하듯이 이의 가장 큰 원인은 일본어 교과서 때문이라고 한다. 당장 한글 교과서를 중지하자는 말이 아니라 원서와 영어논문 읽는 실력, 그리고 영어로 발표하고 토론할 수 있는 실력을 키워야 한다는 말이다. 최근 일부 국내 학술대회에서 초록 구연을 영어로 발표하도록 권장하는 것은 바람직한 변화이다.

2) SCI(과학기술논문 인용색인) 논문의 중요성은 너무 강조해도 지나치지 않을 정도로 크며 거의 모든 교수가 이에 사활을 걸다시피 하고 있다. 개인의 임용, 승진, 연구비신청 등에 필요하며 대학 평가의 중요한 기준이다. 최근 국내 학술지를 SCI에 등재하기 위하여 영어논문을 적극 권장하여 어떤 학술지는 아예 영어논문만 받고 있으며 SCI 논문을 발표하는 교수에게 장려금을 주는 기관도 많아지는 것은 바람직한 현상이다.

3) 많은 대학에서 교수에게 전공을 영어로 강의하는 제도를 시행하고 있으며 이런 제도는 더욱 확산되고 있다. 심지어는 인문학도 영어로 강의하도록 강요하는데 응용과학의 결정체라고 할 수 있는 의학을 영어로 강의하지 않는다는 것은 시대에 뒤떨어진, 의료계만의 안일한 태도 때문이라고 생각된다. 추세가 이럼에도 불구하고 영어강의를 시작하려는 의과는 아직 없다. 차제에 의대에서도 영어로 강의하는 제도를 도입하는 것도 고려해야 할 것이다.

4) 이 외에도 학생, 전공의, 교수들의 해외 연수, 외국환자 유치, 외국의료진의 국내 연수 등을 위해서도 영어교육이 중요한데 그러지 않아도 새로 습득해야 할 의학지식이 폭증하고 있는 상황에서 기존의 우리말 용어에 덧붙여서 새로 바뀐 순우리말 용어까지 배우라고 강요하는 것은 후배들을 도와주지는 못할망정 이들을 더욱 힘들게 하는 일이다.

결론으로 의학용어개정에 관하여 다음과 같은 제안을 하고자 한다.

(1) 이미 보편화된 의학용어들은 바꾸지 말고 그대로 사용하자.

(2) 각 명칭마다 우리말을 하나씩만 알자.

(3) 기존의 한자 명칭이 어렵고 우리말이 더 쉬운 경우에는 쉬운 우리말로 바꾸자. (예: macroglossia: 거설증 → 큰혀증)

mockingbird

(4) 인플루엔자, 스텐트, 빌리루빈, 미토콘드리아 등과 같이 이미 우리나라 말 화(化)한 단어들은 영어발음을 그대로 사용하자.

출발선도 이미 뒤처진 달리기경기에서 영어권 의사들은 날개를 달고 뛰는 데 반해 우리는 후배들 발목에 모래주머니를 달아주는 이런 일은 그만두어야 한다. 개정용어 사용을 주장하는 것은 실익 없는 민족주의이자 국경 없는 세계에서 스스로 고립을 자초하는 일이다. 이제 더 이상 과거의 망령에 사로잡혀 앞을 보지 못하는 시대착오적인 우를 범하지 말아야 한다. 앞만 보고 달리기에도 바쁜 세상이다.

〈의협신문〉 2010년 5월 17일

제6장

윤리란
무엇인가?

국민은 의사를 싫어한다. 실제 일반인들과 대화해보면 우리가 상상하는 것 이상으로 의사를 싫어한다. 불친절하고 거만하고, 각종 비리를 저지르고, 급기야는 파렴치한 성범죄까지 저지르니 '의사는 공공의 적'이라는 말까지 나오게 되었다.

– 박인숙 글 "의사윤리강령의 필요성" 중에서

제 식구 감싸기는 그만, 자신에게 메스를 대라

최근 조전혁 국회의원이 전교조 교사 명단을 인터넷에 공개함으로써 시작된 파문이 일부 학부모단체가 가세함으로써 더욱 확산되고 있다. 교육 소비자들이 당연히 알아야 할 이런 정보가 이제라도 국민께 공개된 것은 다행이다. 한 개인의 미래는 물론 국가의 미래를 결정하는 가장 중요한 기초는 교육이며 특히 자기 아이를 가르치는 교사가 어떤 인물인지 학부모는 알 권리가 있다. 교사들도 자신이 가입한 단체가 옳다고 믿는다면 가입 사실을 당당하게 공개하고 자랑해야지 왜 굳이 이를 숨기려는지 앞뒤가 맞지 않는 잘못된 태도이다. 필자는 이번 전교조 교사 명단 공개 사태를 보면서 같은 맥락으로 의료인에 관한 정보도 국민에게 공개되어야 한다고 생각한다. 즉 의료 소비자인 국민도 자기와 가족의 소중한 건강과 생명을 다루는 의사에 대하여 알 권리가 있고 이 권리도 존중받아야 하기 때문이다.

큰 대학병원 의사들은 '좋은 의사'를 소개해 달라는 부탁을 자주 받는다. 또한, 담당 의사가 훌륭한 의사인지, 그리고 지금 받고 있는 치료는 올바른 것인지를 지인들을 통해 문의하는 일이 비일비재하다. 모든 환자가 최상의 진료받기를 원하나 자신의 주치의에 대한 정보가 없기 때문이다. 이런 이유로 언론 매체에서 '명의 시리즈'라는 걸 종종 발표하지만 이도 허점이 많은 것이 사실이다. 의료인에 대한 이러한 불신은 물론 환자들이 의료 전문가가 아니기 때문이기도 하지만 또 다른 이유는 하루가 멀다고 텔레비전을 비롯한 각종 언론에서 의사들과 병원의 비리와 부도덕한 일들을 보도하지만, 해당 의사나 의료기관에 어떤 징계가 내려졌는지는 알려지지 않기 때문이다. 심지어는 성폭행을 일삼은 인면수심의 의사에 대한 징계도 알려진 바 없다.

국민의 이런 불안을 해소하고 알 권리를 충족시키고 나아가서 의사들에 대한 신뢰를 굳건히 할 책임은 의사 개개인뿐 아니라 의사협회에게도 있다. 물론 협회장 선출과정의 한계로 인하여 자정활동을 펼치는 것에 어려움이 짐작되나 그럼에도 불구하고 협회가 앞장서야 한다. 현재 의료계의 뜨거운 쟁점인 '리베이트 쌍벌제'도 마찬가지이다. 의협에서 이 법안을 격렬히 반대하는데 그렇다면 리베이트를 준 제약회사만 처벌하고 이를 받은 의사는 처벌하지 말라는 주장인가? 어떤 상황에서든지 리베이트를 받는다는 것이 당연히 위법인데 의사들이 리베이트 쌍벌제를 반대하는 것은 모양새가 좋지 않다. 의협이 이 법안에 찬성하고 적극 수용하는 성숙한 모습을 보여준다면 국민에게 신뢰받는 전문가 집단으로 거듭 날 수 있는 좋은 기회가 될 것이다.

지금 우리나라 의료계는 분명 위기에 처해 있고 위의 법안 이외에도 수많은 현안이 산적해 있다. 그 중 몇 개만 나열해 보면 여러 분야에서 세계적인 수준에 도달한 의료 서비스에 비하여 터무니없이 낮은 보험수가, 고가의 신약 및 장비로 인한 의료비 급등과 이를 따르지 못하는 의료보험 재정, 세계에서 유례를 찾을 수 없을 정도로 심각한 문제를 내포한, 한의학과 현대의학으로 이원화된 의료제도, 사이비 의료의 범람, 전근대적인 의사면허제도, 모순투성이의 의학전문대학원제도, 무방비로 노출된 의료인 대상 폭력행위, 정부주도의 진료표준화 및 규격화와 이로 인한 진료권 침해 등등 수없이 많다. 그리고 사사건건 의사단체가 정부와 대립하고 있으나 지금과 같이 서로 불신하는 상황에서는 그 어떤 문제도 쉽게 해결될 수 없다. 결국, 함께 머리를 맞대고 대화하고 약간씩 양보하면서 해결해야 하지만 이런 과정에 반드시 수반되어야 할 것은 의사단체의 도덕성이다. 그 이유는 이러한 문제들의 원인에는 의사들을 '스스로 자정능력을 상실한 잠재적 범죄 집단'으로 보는 정부와 국민의 왜곡된 시각이 그 바닥에 깔려 있기 때문이다.

그러므로 이러한 난제들을 해결하려면 여태껏 해오던 방식이 아닌 뭔가 새로운 도전을 해야 한다. 그리고 이를 위해서는 우선 의사 단체부터 도덕성으로 재무장하여 거듭나야 한다. 정부가 이를 대신할 수도 없고 그래서도 안 된다. 또한, 지금 같이 의사들로만 구성된 의협 윤리위원회에 맡겨서도 안 된다. 결국, 민관합동으로 공공성, 투명성, 독립성이 보장된 새로운 기관을 설립하여 의사들뿐 아니라 타 직종 의료인들의 도덕성도 함께 검증하고 모니터하며 그 결과를 국민에게 공개해야 한다.

미국의 예를 들어보면 모든 주마다 독립기구인 의사 면허국이 있어서 그 주의 모든 의사에게 매 2~5년마다 진료 허가증을 내주고 그들의 활동을 보고받고 그 결과를 주민에게 알리고 있다. 한 인터넷 사이트 'Texas Medical Board Newsletter'를 보면 모든 사람에게 정보가 공개되어 있고 내용 대부분을 징계받은 의사 이름, 면허번호, 지역, 불법 또는 비윤리적 행위의 구체적인 기술, 벌금 액수, 면허 일시 정지 기간 또는 취소, 윤리교육 또는 보수교육 명령 등 징계방법을 소상히 밝히는 데 지면의 대부분을 할애하고 있다. 모든 심의절차가 원칙과 규정에 의거하여 공정하고 투명하게 이루어지기 때문에 징계받는 의사의 인권이나 사생활 침해에 대한 항의는 애초에 엄두도 낼 수 없다. 징계사유라는 것들도 우리 눈으로 보면 대단히 하찮다고 생각되는, 간단한 언어폭력에서부터 마약 복용 등 다양하며 매 사안에 대한 징계기준이 얼마나 엄격하고 꼼꼼한지 혀를 내두를 정도이다. 그뿐만 아니라 그 주 안의 모든 의사의 학력, 경력, 업적, 가입단체, 전공분야 등도 상세히 알 수 있어서 환자들이 원하는 의사를 찾을 수 있도록 돕고 있다. 이런 기관의 심의위원회는 의사 또는 각종 의료인이 약 절반, 그리고 나머지 절반은 변호사, 정부관리, 시민단체, 기업 대표 등 다양한 직종의 위원들로 구성된다. 따라서 우리나라에도 이처럼 공정성, 투명성, 그리고 무엇보다도 독립성이 보장된, 민관합동 공공기관이 설립되기를 바란다.

지금과 같이 의사들의 감시를 의사들끼리만 한다면 아무리 잘하려 해도 결국 제 식구 감싸기라는 비난을 면하기 어려울 것이다. 진화론에서 살아남는 종은 강한 종이 아니라 변화하는 종이라고 하였다. 국민의 건강권과 의사들의 진료권을 모두 보장하기 위하여 과감한 개혁이 필요하며 의사단체와 정부가 지금 결단을 내려야 한다. 희망을 말하며 비전을 제시하는 의사 단체의 강한 리더십이 그 어느 때보다도 절실하게 요구된다.

〈주간 동아〉 2010년 5월 25일

의사윤리강령의 필요성

요즈음 의사들 모임에서 자주 등장하는 화두는 현재의 의료 환경이 과거와 달리 매우 어렵고 앞으로도 더욱 나빠질 것이라는 암울한 내용이다. 개원의는 물론, 교수, 봉직의, 그리고 연구자들조차도 정부로부터의 옥죄임을 매 순간 실감하고 있다. 이와 같은 정부의 부당한 통제뿐 아니라 요즈음 더욱 걱정스러운 것은 사법부의 잇따른 어처구니없는 판결이다.

그러면 왜 이런 일이 일어나고 있는가? 우선 정부 정책이 잘못되었기 때문이다. 그리고 그 이유는 정치인과 정부가 국민의 눈치를 보기 때문이다. 국민은 의사를 싫어한다. 실제 일반인들과 대화해 보면 우리가 상상하는 것 이상으로 의사를 싫어한다. 불친절하고 거만하고, 각종 비리를 저지르고, 급기야는 파렴치한 성범죄까지 저지르니 '의사는 공공의 적'이라는 말까지 나오게 되었다. 물론 극소수 개인의 범죄로 간주해 버릴 수도 있으나 사실 많은 부분 잘못된 의료정책이 그 바닥에 깔려 있다. 날로 악화되는 진료 환경 탓에 일부 악덕 의사들의 불법 행위는 더욱 기승을 부리고 이 때문에 국민은 의사 모두를 비난하고, 정부는 의사를 더욱 탄압하는 정책을 고집하고, 이를 항의하는 의사들은 대 정부 투쟁 수위를 점점 더 높이고, 이는 여론을 더욱 악화시키고, 나쁜 여론은 의료정책을 의사들에게 불리하게 만들려는 정부에 좋은 빌미를 제공해 주고, 결국 이러한 악순환이 지속되는 한 앞으로 의료 환경은 더욱 나빠질 것이다. 게다가 더욱 염려스러운 것은 일부 의사들이 도덕 불감증까지 보이고 있다는 점이다.

그러면 이러한 악순환의 피해자는? 물론 국민과 대다수 선의의 의사들이다. 이제 모두 나서서 이런 악순환의 고리를 끊어야 하고 그 방법은 당연히 내부로부터의 자정활동이다. 스스로 정화할 능력이 없는 조직은 외부로부터의 감시와 통제를 받을 수밖에 없다. 잘못된 의료정책과 보험제도 때문에 건강보험재정 악화가 눈덩이처럼 부풀고 있는 상황에서 정부는 그 잘못을 반성하기는커녕 의사들과 병원에 그 책임을 전가할 기회를 찾고 있던 차에 극소수 나쁜 의사들이 그 빌미를 제공하고 있는 셈이다. 국민과 의사들 간의 이간질을 원하는 정부의 의도대로 의사들이 놀아난 꼴로 의사 모두가 억울하게 국민에게 비난의 화살을 맞고 있는 상황이다.

흔히들 정부의 선동으로 여론이 조작되어서 상황이 이렇게 되었다고 말한다. 그러나 일부 사실일 수 있으나 전부가 그렇지는 않다. 최근 들어 일부 의사들에 의해 저질러지는 각종 비리와 범죄가 더욱 심해지고 있다. 보험사기, 허위진단서 발급, 뇌물 수수, 폭행, 각종 의료사고, 정치권에 대한 금품 로비 같은 일들은 이미 전부터 여러 차례 보도되어 왔으나 최근에는 범죄 중에서도 가장 질이 나쁜 성폭력을 저지른 의사, 그리고 힘없고 병든 노인들까지 속여서 돈벌이에 이용한 악종 보험사기까지 보도되고 있다. 이러한 파렴치한 극소수 의사들에 관한 뉴스가 언론에 대대적으로 보도되고 비난 여론이 들끓어도 주요일간지는 고사하고 의협신문조차도 의협이 어떠한 조치를 취했다는 보도는 없다. 특히 최근에 일어난 성도착자 의사에 의한 성폭력 사건 하나만 보아도 여성단체와 여성신문, 청년의사신문에서만 논평을 냈고 해당 지역 의사회의 윤리위원회에서만 징계하려는 움직임을 보였을 뿐 정작 의협은 아무런 논평조차 내지 않고 있다. 이는 명백한 의협의 직무유기이다.

그러면 이런 악순환의 고리를 어떻게 끊을 것인가? 의사들이 이제껏 해왔던 항의 방식들, 즉 '과천 뻘'에 모여 머리에 띠 두르고, 삭발하고, 장례식 퍼포먼스 하고, 이런 방식은 효과가 없음은 물론 국민들로부터 오히려 혐오감과 비웃음만 키워왔다. 국민 건강과 직

고대구로병원 의료윤리 강의

결된 각종 의료계의 문제들에 대하여 국민과 언론, 그리고 정치권을 상대로 올바른 의료정책에 대한 설명과 설득은 매우 중요하고 반드시 필요하다. 금품을 내세운 불법로비는 물론 적절한 방법이 아니다. 그렇다면 이제 우리가 취할 수 있는 마지막 남은 방법은 도덕성과 신뢰 회복이다. 이는 당연히 시간도 많이 걸리고 내부로부터의 많은 반발과 저항에 부딪히겠지만, 반드시 이루어내야 할 우리 모두의 사명이자 목표이다.

실상이 이러함에도 의사사회는 장동익 전 의협회장 사건이라는 전무후무한 엄청난 '전기충격'을 받고도 별로 달라진 것이 없어 보

의료윤리연구회 강의. "의료윤리와 의사들의 자정노력" (의협 동아홀)

인다. 사건 직후부터 시작된 후임 회장선거에 모두 '올인'하는 바람에 이런 수치스럽고 불행한 대형 사고에 대한 원인분석, 통렬한 반성, 재발 방지 대책 마련 등 필수적으로 있어야 할 후속조치가 (적어도 아직까지는) 없었다. 애꿎은 정치인 몇 명의 정치생명만 끊어 놓고 유야무야하게 되었다. 또 하나 매우 걱정스러운 일이 있다. 즉 최근 소문에 의하면 의협에서 의사윤리강령이 슬그머니 사라졌다고 한다. 소문의 진위를 떠나서 있을 수 없는 일이다. "의사들이 공연히 윤리강령 같은 것을 만들고 떠들어서 우리의 숨통을 스스로 죌 필요가 없다."는 것이 그 이유라고 한다. 이런 황당한 소문이 제발 사실이 아니기를 바라며 새 집행부는 심기일전하여 급변하는 의료 환경과 시대에 걸맞은 의사윤리강령을 새롭게 만들어서 공표해 주기를 바란다. "당신은 얼마나 깨끗하냐?" "너나 잘하세요."와 같은 비난의 목소리를 두려워해서 우물쭈물해서는 안 된다. 병원 평가에 직원들이 환자권리장전을 제대로 외우는지, 그리고 이를 병원 곳곳에 잘 보이도록 붙여 놓았는지를 평가항목에 포함시킨 것에 대하여 처음에는 불쾌하게 생각되었으나 이제는 차라리 잘 되었다는 생각이 든다. 우리가 제대로 안 하니 정부로부터 이런 유치한 무기로 협박을 당하는 신세가 된 것이다.

참고로 미국 텍사스주 의사면허국(Texas State Board of Medical Examiners)의 소식지 일부를 소개하겠다. 총 24쪽 중 18쪽을 의사들의 징계에 관한 세세한 사항들을 싣고 있으며 더욱 놀라운 점은 인권을 그리도 중요시하는 나라에서 징계당한 의사들의 실명, 지역, 날짜, 징계사유, 그리고 구체적인 징계방법들이 여과 없이 그대로 보도된다는 사실이다. 징계사유를 살펴보면 여자환자에 대한 강간이나 마약 복용과 같은 심각한 범죄에서부터 환자나 수련의에게 거친 말을 썼다는 이유에 이르기까지 매우 다양하다. 다른 징계사유들도 소개하면 면허주소지 변경을 보고할 의무 불이행, 연수 평점 허위신고, 연수 평점 획득 불이행, 마약처방 면허 없이 마약처방전 발행, 수술 후 합병증을 환자에게 제대로 알리지 않고 치료하지 않음, 보험금 부당청구, 허위서류 제출, 진료하지 않은 환자에 대한 환급 불이행, 환자의 처방전으로 의사 자신의 약 구입, 환자 협박, 의무기록 사본 발행비용 과다징수, 윤리강의 참석 확인서 제출 불이행, 진단 오류, 피고용인에 대한 감시 소홀, 수련의 폭행, 환자에 대한 부적절한 행위, 알코올 중독, MRI 판독 오류, 진료하지 않은 환자에게 인터넷으로 처방전 발행, 의무기록 제출 요청 거부, 환자와의 부적절한 금전거래, 다른 의사 환자의 의무기록 열람, 환자 보호자에 대한 부적절한 성적 발언 등등 우리 기준으로 보면 그냥 넘길 수도 있는 갖가지 상황들로 인하여 미국 의사들이 징계를 받고 있고 이런 사실들이 공개되고 있다.

이제 결론으로 다음과 같은 구체적인 제안을 한다.

① 의사 윤리강령을 시대에 맞게 새로이 만들어서 공표하자.

② 윤리 교육을 강화하자. 이는 학생이나 전공의뿐 아니라 의사 면허를 가지고 있는 모든 의사를 대상으로 지속적으로 하여야 한다.

③ 의협의 윤리위원회를 강력하고 중립적인 위원회로 만들 것을 제안한다. 의사뿐 아니라 비의료인, 특히 시민단체(진정한 의미의 '시민'을 대표하는)를 포함해야 한다.

④ 경찰이나 검찰까지 가는 사건은 물론이고 그렇지 않은 사안이

라도 사회적으로 물의를 일으켜서 의사의 명예를 훼손시킨 의사들을 의협에서 조사하고 필요 시 윤리위원회를 통하여 적절한 징계조치를 하여야 한다.

⑤ 윤리위원회 결정을 협회지에 공개해야 한다.

⑥ 비윤리적인 의사는 의협이 먼저 보건복지부에 면허취소 또는 정지를 건의해야 한다.

⑦ 궁극적으로는 의사면허 관리를 의협이 주도하도록 하는 목표와 구체적인 전략을 만들어야 한다.

⑧ 잘못된 의료정책, 특히 국민에게 직접 피해를 주는 정책에 대해서는 의사들이 일방적으로 정부상대 투쟁만 벌이기보다는 국민을 이해시키고 설득시키는 전략을 먼저 추진해야 할 것이다. 의사들이 밥그릇 싸움이나 하는 이익집단으로 비추어져서는 절대 신뢰를 회복할 수 없다.

의사들의 권익과 정당한 진료권을 유지하기 위해서뿐 아니라 더 중요하게는 국민의 건강을 지키기 위하여 올바른 목소리를 내려면 우선 의료계가 깨끗하고 당당해야 한다. 국민은 의사들에게 타 직종에 비해 훨씬 더 높은 도덕적 잣대를 요구한다. 이제껏 우리 스스로 이런 당연한 의무를 충실히 못했기 때문에 정부의 통제와 억압 그리고 국민의 비난을 받아왔다. 이제부터 우리 스스로 우리를 평가, 관리하고 존경받는 집단으로 거듭나지 않으면 정치인, 변호사, 시민단체, 그리고 국민이 우리를 더욱 엄격하게 심판할 것이다. 지금과 같은 악순환의 고리를 끊어야 의사도 살고 국민도 산다. 이 제안을 바로 실천에 옮기기를 새 집행부에 간곡히 부탁한다.

사족 우리는 현 정부에서 국민의 피와 같은 세금, 그것도 수천억 원이라는 천문학적인 액수의 예산을 낭비하는 수많은 위원회가 난립하고 있으며, 그러한 위원회는 구성도 매우 비정상적임을 알고 있다. 의협에도 이와 같은 불필요하거나 중복되는 위원회들이 있으며, 위원도 전문성이나 개인의 열정과는 무관하게 지역, 출신학교, 나이, 직종, 성별 등에 따라 배분되어 있고, 처음 상견례 한번, 그리고 임기 말 마지막 회의를 하는 식인데, 이러한 비효율적이고 예산만 낭비하는 일부 위원회는 정리되어야 한다.

〈의사신문〉 2007년 7월 19일

'착한 의사' 만들기

지구 곳곳에서 심한 요동이 일고 있다. 지구촌 어느 누구도 피해 갈 수 없는 세계금융위기, 날로 심해지는 환경파괴와 자연재해, 테러 위험, 사회 양극화, 끊임없이 보도되는 부패와 비리 등 수많은 걱정거리로 마음이 심란하다. 그런데 이러한 문제들도 결국 근본 원인은 인간의 끝없는 탐욕이라고 볼 수 있다. 지금 우리나라 정치판을 뒤흔들고 있는 안철수 신드롬도 그 바닥에는 결국 도덕과 윤리의 문제, 즉 기성 정치인들, 기업인들, 지도층이 "정직하고 윤리적이지 않다."라는 불신과 이에 따른 미래에 대한 불안감 때문이다. 그래서인지 '착한 자본주의', '착한 기업' 등 '착함' 이 최근 자주 회자되는 단어이다. 『정의란 무엇인가』라는 책이 베스트셀러에 오른 것도 같은 맥락으로 이제 사람들은 먹고사는 문제를 넘어 사회

전공의 의료윤리 워크숍

가 좀 더 공정하고 도덕적이기를 원하고 있다. 이런 사회 분위기에서 국민은 기득권층이라고 간주되는 의사들도 좀 더 윤리적이기를 바라며 더욱 엄격한 잣대를 들이대면서 의료 환경이 더욱 어려워지고 있다.

이런 사회 분위기 안에서 일어난 의대 동료여학생에 대한 성추행 사건은 그야말로 경악을 금치 못하게 하는 사건으로 의대가 아니었더라도 충분한 충격이었는데 최상위권 학생들만 들어가는 의대에서 벌어진 사건이기에 그 여파는 더 엄청나다. 이제 대학 측이 가해 학생들을 출교시키면서 한고비 넘긴 것 같으나 일어나서는 안 될

의료 인문학 문항 의사국시 포함을 위한 심포지엄

안타까운 사건으로 이를 계기로 예비 의사들뿐 아니라 모든 의사의 윤리관을 다시 생각해보고자 한다.

최근 필자가 관여하는 단체에서 '의료인문학 문항 국시 포함을 위한 심포지엄'을 개최한 적이 있다. 이에 인문학을 국시에 포함해야 한다는 사실에 반대하는 의사들이 있었다. 결론부터 말하자면 필자는 의료윤리가 국시에 반드시 포함되어야 한다고 주장한다. 시험점수 하나만으로 의사 한 사람의 일생이 결정되다시피 하는 극심한 경쟁사회에서 시험에 출제되는 주제만큼은 학생들이 반드시 공부하고 생각해 보기 때문이다. 시험과 상관없이 학생들이 스스로

의료윤리연구회 창립기념 심포지엄

윤리문제를 고민하고 '착한 의사'가 될 것을 기대하는 것은 너무 순진한 생각 같다.

이미 많은 의대에서 의료윤리와 인문학을 강의하는 것은 다행이다. 그러나 필자를 포함하여 주위 교수들을 보더라도 윤리 강의에 많은 학생이 불참하거나 강의실에 들어와서도 다른 과목을 공부하면서 강의에 귀를 기울이지 않는 것을 경험하였다. 의사로서 향후 진로의 많은 부분이 시험성적에 의존하는 현 제도에서 이해는 가지만 걱정스러운 상황임에는 틀림없다. 또한 "윤리관을 어떻게 시험으로 평가할 수 있나?"라는 우려도 있다. 그러나 의료 환경이 점차 복잡해짐에 따라 체계적인 윤리교육이 더욱 중요시되면서 이에 대한 커리큘럼 및 평가방법의 개발은 피할 수 없는 상황이 되었기에 다음과 같은 제안을 하고자 한다.

일단 의료윤리문제를 국시에 내야 한다. 물론 그 이전에 각 대학에서 윤리 문제를 시험과목에 포함시켜야 하며 그러기 위하여 윤리 강의를 더욱 강화해야 한다. 이미 많은 의대에서 커리큘럼에 포함되어 있으나 이에 대한 가이드라인도 만들어져야 하며 의대 인정평가에도 포함되어야 한다. 윤리문제는 주관식으로 출제하여 답안을 개별 판단하는 것이 좋을 것이다. 물론 답안지 하나만 가지고 학생의 인성을 평가하는 것은 불가능하다. 그러나 국시에 윤리문제가 출제된다는 사실 하나만으로, 그리고 예상 문제를 미리 공부하면서 고민하는 그 과정 자체가 훌륭한 윤리교육이 될 것이고 후에 의사가 된 후에도 이러한 경험이 좀 더 윤리적인 의사가 되는 데 큰 도움을 줄 것이다. 주관식 문제뿐 아니라 학교 사정이 허락한다면 교수와의 개별 면접, 또는 그룹 토론도 유용한 평가방법이 될 것이다.

또 하나 제안할 것은 각 교육병원에서 의료윤리교육(ethical grand round)을 정기적으로 개최할 것을 제안한다. 단국대 의대 병원에서 이미 시행하여 좋은 반응을 보인다고 한다. 이런 과정을 통하여 학생뿐 아니라 수련의와 교수들도 다양한 의료윤리문제들에 대하여 토론을 하면서 윤리의식을 고취시키며 동시에 의료사고도 미연에 방지하는 일석이조의 성과를 얻을 것이다.

끝으로 하나 더 제안하고자 하는 것은 이제 법으로 명시된 의사 면허 갱신 시 제출하는 연수교육 평점에 의료윤리교육과정 이수를 포함할 것을 제안한다. 이미 미국에서는 의사면허 갱신 시 이러한 제도를 적용하고 있다. 또한, 윤리문제로 징계를 받은 의사는 면허를 재발급 받을 때 의무적으로 일정 시간의 윤리강의를 추가로 듣도록 하고 있다. 우리도 이런 제도를 도입할 것을 제안한다. 단 면허 재발급의 자격과 징계에 관한 지침을 구체적이고도 명확하게 만들어야 하며 이를 투명하고 공정하게 적용하여야 한다.

의료기술의 급속한 발달과 국민의 지식 향상으로 의료행위가 점차 복잡해지면서 전에는 경험하지 못했던 새로운 윤리문제들이 급증하고 있다. 예를 들면 뇌사, 장기이식, 고가의 집중치료, 안락사, 보험 안 되는 고가의 신약이나 수술법, 생명 윤리, 연구 윤리 등 다양한 문제들이 발생하고 있다. 따라서 이와 같은 의료 환경 변화에 대하여 학생뿐 아니라 의사들도 더 이상 모른 척할 수 없다. 함께 고민하고 해결책을 모색해야 한다.

'착한 의사'가 되기 위해서는 의사들에게 일방적으로 불리하게 책정된 건강보험제도 개선이 우선되어야 한다는 주장도 있다. 그러나 정부와 의료계 양측이 매사에 팽팽하게 맞서기만 하는 것은 문제 해결에 도움이 되지 않는다. 지금 정치권의 여야대치 상황처럼 모두가 '루저'가 될 뿐이다. 윤리교육을 가정과 초등교육에만 맡길 수 없으며 이제부터라도 의료계가 나서서 예비의사를 골라서 잘 뽑고 이들을 '착한 의사'로 만들어 사회로 배출하는 책임을 져야 한다.

〈의협신문〉 2011년 10월 17일

제7장

하나뿐인 **생명**

무한경쟁사회에서 모든 부모가 완벽한 아기만을 원하는 것은 얼핏 보면 당연하다고 할 수 있다. 그러나 완벽한 아기, 완벽한 사람이란 과연 어떤 사람인가? 태어날 때 눈에 보이는 선천성 기형이 없다고 해서 평생 완벽한 삶을 누릴 것이라는 보장이라도 있다는 말인가?

– 박인숙 글 "생명 경시 풍조와 무분별한 낙태" 중에서

소중한 생명 살리기

선천성 기형의 종류는 매우 다양하며 완치가 가능한 기형도 많다. 그러므로 선천성 기형이 있다고 무조건 절망할 필요는 없으며 전문가의 상담이 필요하다. 감기약 한번 잘못 먹어서, 또는 임신인 줄 모르고 한번 찍은 가슴 X-선 사진으로 인공임신중절을 하는데 이는 고쳐져야 할 관행이다.

생명경시, 방치할 수 없다

기형을 가진 아기들이 버려지고 있다. 요즈음 신문지상에 생명경시현상, 특히 어린이의 생명에 대한 경시 풍조가 위험수위에 이른 것 같다. 기형을 가지고 태어나는 아이들은 더 말할 나위가 없다. 기형을 가지고 태어나는 아이를 부모가 열심히 고치려고 해도 친척, 친지 등 주위의 협조가 부족하고 오히려 치료를 방해하여 부모들을 더욱 어렵게 하는 경우가 많다. 또한, 아기들의 부모가 대부분 젊고 갓 사회생활을 시작한 경우로 경제적인 부담도 치료에 큰 장애요인이 되고 있다. 일본처럼 2세 미만의 영·유아의 의료비는 무조건 정부가 부담하는 제도를 입법화한다면 많은 아기를 살릴 수 있으며 나아가서는 출산율을 높일 수도 있을 것이다.

무조건 절망할 필요는 없다

산전 검사에서 기형이 조금만 의심되어도 무작정 아기를 지우려는 경향이 있다. 산전기형아검사에는 산모혈액검사, 융모검사, 양수검사, 태아혈액검사, 그리고 초음파검사가 있다. 이러한 검사에서 기형이 확실하지 않아 검사를 다시 해보자고 하거나 또는 큰 병원에 가보라고 하여도 아기를 지우는 경우가 종종 있다. 이런 결정은 부모의 무지 때문이기도 하지만 상담하는 의료진의 태도도 매우 큰 영향을 미치게 된다.

선천성 기형의 종류는 매우 다양하며 완치가 가능한 기형도 많다. 출생하는 신생아의 약 4~5%가 선천성기형을 가지고 태어나며 1%는 선천성 심장병이다. 기형 중에는 시간이 지나면서 저절로 없어지는 기형(작은 심실중격 결손과 같은 심장기형, 폐의 낭종), 치료 없이 그대로 가지고 살아도 큰 문제가 없는 기형(작은 심실중격 결손, 판막의 경한 협착), 수술로 완쾌가 가능한 기형(언청이, 대부분의 심장병, 항문기형, 식도기형), 수술해 주면 정상생활은 가능하나 약간의 후유증과 약물 복용이 필요한 경우(복잡 심장기형), 출생 후 점차 나타나는 기형(요로나 신장 기형), 출생 전에 자연 유산되거나 출생 후 치료를 해 주어도 사망률이 높은 기형(심한 염색체 이상, 심한 폐 형성 부전) 등등 그 종류가 매우 다양하다. 그러므로 선천성 기형이 있다고 무조건 절망할 필요는 없으며 전문가의 상담이 필요하다.

선천성 기형 원인 찾기 어려워

선천성 기형의 원인은 아직 대부분 알려져 있지 않다. 다운 증후군이나 그 밖의 염색체 이상, 또는 몇 가지 약들이 기형을 일으킨다고 알려져 있다. 그러나 이는 시중에서 오래전에 사라졌거나 산모가 쉽게 얻을 수 없는 약들이다. 유전자의 돌연변이가 원인인 경우 이러한 돌연변이가 왜 일어나는지 아직까지의 현대의학으로는 대부분 알 수 없다. 그러므로 간혹 감기약을 한 번 잘못 먹었다거나, 임신인 줄 모르고 행한 가슴 X-선 사진 촬영때문에 인공임신중절을 하는 일은 없어야 한다.

선천성 기형의 대부분은 원인을 알 수 없음에도 불구하고 아기가 기형을 가지고 태어나면 엄마가 시댁에서 쫓겨나거나 이혼당하는 안타까운 경우를 드물지 않게 본다. 평생 "아기에게 기형을 만들어 주었다."라는 근거 없는 죄의식에 시달리는 경우도 많다. 대부분 태아의 주요 장기는 수태 후 9~10주 내에 완성되며 그 후 임신기간에는 크기가 커지게 된다. 그러므로 실제 임신을 확인했을 때 아기의 장기는 이미 모두 완성된 후이다. 따라서 선천성 기형의 발생에 관해 태교나 상식을 벗어나는 특별한 조심은 필요하지 않다.

안타까운 생명 살리기 위해

산부인과 의사들도 수난을 당하는 경우가 많다. 모든 기형을 산전에 알 수 없음에도 불구하고 분만을 도운 의사에게 항의하거나 금전적인 요구를 하는 경우가 있다. 또 산전검사 중 아기에게 문제가 발견되면 기형의 종류와 무관하게 막무가내로 임신중절수술을 요구하여 산부인과 의사의 입장을 매우 어렵게 만든다. 치료가 가능한 기형은 산전에 부모에게 알리지 않아도 되는 법을 만든다면 태아는 물론 산부인과 의사도 보호하는 장치가 될 것이다.

이와 같은 문제들을 실제 임상 진료에서 흔히 경험하면서 안타까운 생각이 들어 소아심장과, 소아심장외과, 산부인과, 진단방사선과(영상의학과로 명칭 변경), 성형외과, 정형외과, 신경외과, 소아

제2회 대한선천성기형포럼 심포지엄

외과, 비뇨기과, 재활의학과 등의 여러 기형 전문가들이 모여서 본 모임 "대한선천성기형 포럼"이 탄생하였다. 본 포럼은 4월 25일 창립 심포지엄을 개최하여 창립총회를 개최하였다. 향후에는 구청이나 보건소, 신문사, 병원 등과 연계하여 일반인 대상의 강좌를 개최하고자 한다. 또한, 지방에 지회도 만들어서 전국적인 규모의 홍보 캠페인도 개최할 예정이다. 앞으로 홈페이지(www.kbdf.or.kr)를 이용한 상담과 교육을 시행할 예정이다.

〈가정의 벗〉 2004년 6월

생명 경시 풍조와 무분별한 낙태

"아기 심장에 이상이 있을지도 모른다고 해서"

"아기가 태어난 후에 심장수술을 받아야 한다고 해서"

"임신 초기에 감기약을 먹었기 때문에"

"임진 도중 가슴 X-선 사진을 찍었기 때문에"

아기를 지우려고 합니다.

첨단기술의 급속한 발전이 삶의 질을 높여주고 인간의 수명을 연장시켜 줄 것으로 다들 생각하였고 부분적으로 이것은 현실로 다가왔다. 그러나 이러한 기대에 반대되는 경우가 있다. 바로 태아 심장 초음파 검사를 포함한 각종 기형아 검사가 바로 이러한 모순된 경우이다. 판도라의 상자를 잘못 열어본 상황이 되어 버렸다. 초음파 기계의 경이로운 발달 덕분에 태아의 얼굴이나 심장을 직접 들여다보듯이 3차원 영상으로 생생하게 보여주고 급기야는 4차원 영상기술로 태아가 실제로 움직이는 모습까지도 볼 수 있게 되었다. 아기 앨범의 첫 페이지를 배아(胚芽)에서 시작하여 엄마 자궁 안에서 손가락을 빨고 있는 태아의 사진이 장식하는 세상이 되었다. 그러나 올바른 윤리관의 정립과 법적인 제도가 뒷받침되지 않은 채 하루가 다르게 발전하는 첨단과학이 오히려 인간성을 황폐화시키고 많은 태아에게 심각한 재앙을 초래하게 되었다.

최근 우리나라 연간 신생아 출생 수는 약 49만 명이며 인공유산에 관한 정확한 통계는 알 길이 없으나 대략 150~200만 건으로 추정된다. 즉 한 명의 신생아가 출생할 때마다 약 3~4명 이상의 아기들이 이 세상에 나와보지도 못하고 사라지고 있다. 또한, 우리나라 가임여성의 1/2 내지 1/3에서 인공유산의 경험이 있다. 임신중절수술이 가족계획의 한 방편으로 잘못 인식되고 있다. 살인이라는 개념은 아예 없다. 아기를 지우는 이유들도 황당하기만 하다. 2001년 5월 한국 보건사회연구원이 발표한 바에 의하면 15~44세 우리나라 여성의 인공임신중절 이유 1위가 단순히 자녀를 원하지 않아서(38.7%), 2위가 터울 조절(15.3%), 3위가 임산부의 건강(13.7%), 4위가 태아 이상우려(10%), 경제적 곤란(7%), 혼전임신(5.3%), 태아 이상(4.6%), 태아가 딸(1.8%), 가정문제(1.6%), 기타(10%) 순이었다. 이 조

건강 HEALTH

신뢰할 수 있는 건강 뉴스 한국일보 건강면은 보건 의료 제약 영양 등 다양한 최신 건강정보를 제공합니다.
-전화(02)724-2108 팩스(02)722-5744

선천성 심장기형 대부분 완쾌 가능

"무작정 아기 지우려 하지 마세요"

의사의 세계

서울아산병원 **박 인 숙** 소아심장과교수

1973년 서울대 의대를 졸업한 후 30여년 만에 얻은 인생의 방학…. 3월부터 연구년을 맞은 박인숙(54) 울산대의대 서울아산병원 소아심장과 교수(보건복지부지정 선천성 기형 및 유전질환 유전체 연구센터장)는 여전히 매일 병원에 출근하고 있다. 연구활동에만 몰두할 수 있도록 주어진 1년의 휴가를 자진해서 6개월로 줄였다. 실은 1주에 한번 외래 진료까지 하고 있다. 그는 "환자의 맥이 끊어질까봐"라고 말하지만, 얼마든지 건강하게 키울 수 있는 태아가 부당하게 죽임을 당하는 일을 조금이라도 줄이고 싶고, 한명의 생명이라도 더 구하고 싶다는 의사로서의 열정에서다.

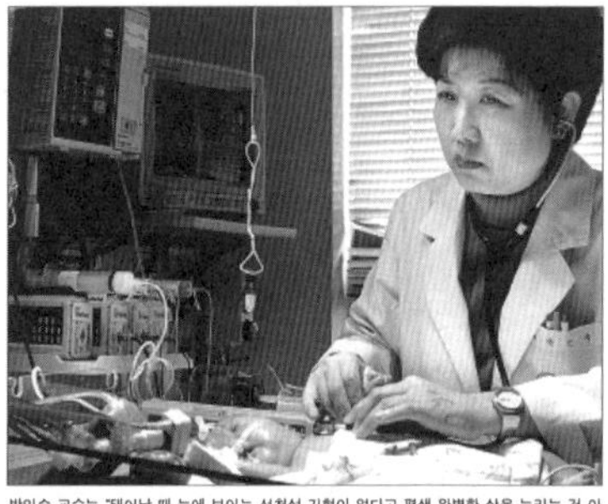

박인숙 교수는 "태어날 때 눈에 보이는 선천성 기형이 없다고 평생 완벽한 삶을 누리는 건 아니다"고 말한다. /최흥수 기자

"손가락 한 개만 더 있어도, 심장에 구멍 하나만 발견돼도 무조건 아기를 지우겠다고 우깁니다." "기형아 진단을 위한 양수검사나 혈액검사에서 조금만 수치가 높아도, 의사가 고개만 갸우뚱해도 산모들은 더 이상의 정밀 검사를 거부하고 아기를 지우지요."

박 교수는 현대의학의 발달로 점점 정교하게 이루어지는 각종 기형아검사가 오히려 무분별한 낙태로 이어지고 있다고 안타까워한다. 3차원에서 이제는 4차원 영상기술로 태아가 엄마의 자궁 안에서 손가락을 빠는 모습까지 볼 수 있게 된 첨단 진단법이 오히려 태아의 기형이 발견된 산모들에게 쉽게 아기를 포기하고, 낙태를 결정하도록 유도하고 있는 것이다.

우리나라에서 1년에 태어나는 신생아는 약 55만명. 인공유산에 대한 정확한 통계는 없으나 의료계는 이보다 3~4배가 많은 150만~200만 건 이상으로 추정한다. 한국보건사회연구원 자료(2001년)에 따르면 전체 낙태아 가운데 4.6%는 태아이상, 10%는 태아이상이 우려돼 세상에 나와보지도 못하고 죽임을 당했다는 사실이다. 무려 22만명의 태아가 여기에 해당한다.

박 교수는 "무한 경쟁사회에서 완벽한 아기를 원하는 것은 당연한 일이다. 하지만 태어날 때 눈에 보이는 선천성 기형이 없다고 평생 완벽한 삶을 누릴 보장이 있느냐"고 반문한다.

한해 22만명 태아가 기형우려 낙태
수술받은 신생아 90%가 '정상생활'
"기형 의심되면 전문가 진단 받아야"

그는 현대의학으로 대부분 선천성 심장기형은 완쾌가 가능한데도, 기형이 발견됐다고 무조건 아기를 지우는 것은 부당하다고 말했다. "선천성 심장 기형의 경우 전체 신생아 100명당 약 1명에서 발생하고, 이 가운데 약 절반 미만이 수술이 필요한 경우이지요. 수술받은 신생아의 약 90%이상은 완쾌가 가능하며 평생 정상 생활을 할 수가 있습니다. 현대의학으로도 치료가 어려운 경우는 10%미만이지요." "하지만 수술 한번으로 나을 수 있다고 해도 막무가내로 아기를 지워달라고 요구하는 산모들 때문에 너무 황당할 때가 많습니다." "그럼 '당신이 키울거냐'고 멱살잡이 당한 일도 많아요. 건강하다는 아기도 성장하면서, 얼마나 많은 병치레를 하나요? 평생 맹장수술 한번 안하고 살 자신 있나요? "

서울아산병원의 치료성적은 그의 주장을 뒷받침한다. 최근 4년 동안 약 120명의 신생아가 엄마 자궁에 있을 때 심장기형으로 진단받았으나, 수술 후 건강하게 자라고 있다. 산모의 산전 검사에선 태아의 심장기형이 의심됐으나, 정상아로 태어난 경우도 많다. 심장 칸막이에 구멍이 있거나, 한쪽 심실이 비정상적으로 크다고 진단받았으나, 정상아로 태어난 신생아도 50여명이 된다.

과거 치료성적이 좋지 않았던 심장 기형 가운데 최근 완쾌가 가능해진 경우도 많다. 대동맥과 폐동맥의 연결부위가 뒤바뀐 완전 대혈관전위 같은 심장기형이 대표적인 예. 출생직후 응급심장수술만 가능하다면 태아의 생존율은 100%에 가깝다.

그는 "현재 임신중절이 묵인되는 태아이상은 염색체 이상이나 심장 뇌 신장 등 장기에 심각한 기형이 동반한 경우"라면서 "기형이 확실하지도 않거나 완쾌가 가능한 기형을 가진 아기들이 대부분 낙태된다는 사실은 재앙"이라고 말했다. 물론 그를 찾아오는 사람 가운데는 여러 병원에서 심장기형을 진단받고도, 어떻게 해서든 살려만 달라며, 주어진 생명을 잘 키워보려는 젊은 부모도 많다.

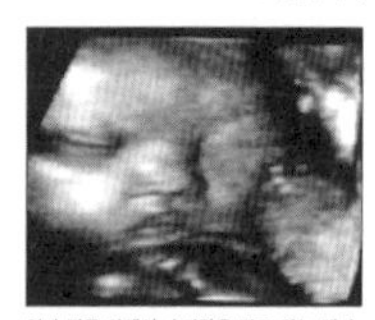

엄마 자궁 안에서 손가락을 빨고 있는 태아. 초음파로 본 영상.

"환자에게 진단보다 더 중요한 건 사실 상담이지요." 일단 기형이 확인되면 치료법 자연경과 예후 등에 관해 상담해주고 출생 후 치료에도 미리 대비해야 신생아에게 최선의 결과를 얻을 수 있기 때문이다.

그는 "1차 의료기관에서 기형이 의심되면 즉시 3차 의료기관의 기형전문가에게 산모를 보내서 정밀 진단을 받도록 하는 것이 부당한 임신중절을 조금이라도 줄일 수 있을 것"이라면서 "진단 자체가 상당히 어려운 만큼, 반드시 이중점검(진단)과정이 필요하다"고 권했다. 선천성 기형이 의심돼 임신중절수술을 한 경우, 태아의 부검을 실시하고, 이를 통해 선천성 기형에 대한 데이터베이스를 구축하는 것도 서둘러야 한다고 말했다.

/송영주 편집위원 yjsong@hk.co.kr

한국일보 2003년 3월 28일

사에 의하면 정당한 사유가 있어서 시행된 임신중절수술은 극소수였고 대부분은 잘못된 이유들로 시행되었음을 알 수 있다.

이 통계에서 우리가 또 한가지 간과해서는 안 될 중요한 부분을 지적하려고 한다. 즉 전체 낙태된 태아들 중 4.6%가 태아 이상, 10%는 "태아 이상을 우려해서"라고 하여 한해 약 22만 명의 태아가 '기형' 때문에 세상에 나와보지도 못하고 부당하게 죽임을 당했다는 사실이다. 즉 명확한 태아 이상은 4.6%였고 태아 이상이 '우려되는' 경우가 10%라는 사실이다. 이렇게 시행된 낙태수술 대부분이 부당하다고 결론짓는 데에는 다음과 같은 이유가 있다.

첫째, 실제로 모든 장기를 망라한 선천성 기형의 빈도는 출생 신생아의 약 5% 미만에서만 발견되므로 유산된 전체 태아의 약 10%에서는 실제 기형이 없었다는 결론이 된다.

두 번째 이유는 현대의학으로 대부분의 선천성 기형은 완쾌가 가능하므로 기형이 발견되었다고 무조건 아기를 지우는 것은 매우 부당하기 때문이다. 현재 임신중절이 허용되는 태아 이상으로는 염색체이상이나 심장, 뇌, 신장 등 주요 장기들의 심각한 기형이 동반되는 경우들이다. 그러나 위 통계에서 보듯이 기형이 확실하지도 않거나 완쾌가 가능한 기형을 가진 아기들이 대부분 낙태되었다는 사실이다. 손가락이 한 개만 더 있어도, 또는 완치가 가능한 단순 토순, 단순심장기형만 있어도 무조건 아기를 지우겠다고 우긴다.

양수검사, 혈액검사에서 기형아 수치가 조금만 높아도 더 이상의 정밀검사를 거부하고 아기를 지운다. 선천성 기형 중에서 가장 중요한 심장기형에 관해서 살펴보자. 심장기형은 출생 신생아 100명당 1명꼴로 발생하는데 이 중 약 절반 미만에서만이 수술이 필요하며 수술하더라도 약 90% 이상에서 완쾌가 가능하며 현대의학으로도 치료가 어려운 경우는 10% 미만이다. 이럼에도 태아심장 초음파검사를 시행하는 의사가 고개만 갸우뚱해도 임신중절수술을 해버린다.

초음파 검사를 비롯한 산전진단의 원래 목적은 산모와 태아의 건강을 관찰하고 현대의학으로도 완치가 불가능한 유전병이나 기형을 가진 태아들을 선별하기 위함이었다. 또한, 출생 즉시 치료가 필요한 심장병이나 기타 기형을 출생 전에 미리 진단함으로써 신생아 생존율을 높이고자 하는 것이 원래 산전검사의 목적이었다. 이러한 측면에서 산전 진단이 신생아 생존에 크게 기여한 예를 하나 들어보자.

대동맥과 폐동맥이 각각의 심실과의 연결이 뒤바뀌어 출생 후 즉시 치료해주지 않으면 사망하는 대표적인 선천성 심장병으로 완전대혈관 전위를 들 수 있다. 산전검사에서 태아가 이 심장기형을 가진 것이 확인되면 산모를 응급 심장수술이 가능한 병원으로 옮겨서 계획 출산을 하고 출생 직후 치료를 시작해 주면 생존율이 거의

100%에 가깝다. 이에 비해서 산전 진단을 받지 못하고 출생한 아기들은 사망률이나 합병증이 생길 가능성이 크다. 그러나 그 밖의 많은 선천성 심장병이나 기형들을 출생 전에 모두 알 필요는 없다. 오히려 기형이 발견됨으로써 기형의 종류와 무관하게 아기들이 낙태되는 경우가 많아졌다. 사정이 이렇다 보니 산전 진단으로 말미암아 아기 한 명의 생명을 구할 때 이보다 훨씬 더 많은 아기가 부당하게 사라지고 있을 것으로 짐작되며 위의 통계가 이러한 추측을 뒷받침해주고 있다.

이와 같이 태아 기형에 대한 우려로 말미암아 무분별한 임신중절수술이 시행되는 데에는 다음과 같은 원인이 있다.

첫째, 인명 경시 풍조와 지나친 경쟁심리를 들 수 있다. 기형이 있으나 수술 한 번으로 완쾌가 가능하다고 누차 설명해도 막무가내로 아기를 지운다. 임신 말기로 임신중절수술을 할 수 없는 경우라도 기어이 아기를 지우고야 만다. 무한경쟁사회에서 모든 부모가 완벽한 아기만을 원하는 것은 얼핏 보면 당연하다고 할 수 있다. 그러나 완벽한 아기, 완벽한 사람이란 과연 어떤 사람인가? 태어날 때 눈에 보이는 선천성 기형이 없다고 해서 평생 완벽한 삶을 누릴 것이라는 보장이라도 있다는 말인가? 정답이 있을 수 없는 질문이다.

둘째, 선천성 기형은 진단만 내리고 끝나는 일이 아니라 이에 대한 상담이 훨씬 더 중요한 부분이다. 즉 일단 기형이 확인되면 기형 전문가가 치료방법, 자연경과, 예후 등에 관하여 상담해주고 출생 후의 치료에 대비해야 한다. 그러나 현 의사수급 현황으로 볼 때 각 기형에 대하여 부모에게 납득할 수 있도록 상담해줄 전문가가 턱없이 부족한 것도 문제이다. 이런 상황을 더욱 꼬이게 만드는 것은 부모들이 인터넷을 통해서 손쉽게 정보를 얻는다는 사실이다. 이런 정보들은 나름대로 믿을 만한 수준일 수도 있으나 태아 한 명 한 명에서의 특이한 기형에 관해서는 무분별하고 무책임한 정보들일 가능성이 높아서 이로 인하여 오히려 정확한 판단을 그르치고 선불리 아기를 포기하게 만든다.

이와 같이 광범위하게 시행되고 있는 부단한 임신중절 문제를 해결하기 위하여 다음과 같은 제안을 한다.

첫째, 일차 진료기관에서 기형이 의심되면 즉시 기형전문가에게 산모를 보내서 진단을 확인하고 출생 후의 치료에 대한 적절한 상담을 하고 출산을 계획하도록 한다. 이러한 절차들은 아기들로 하여금 좋은 상태에서 출생하여 치료를 받게 되어 치료성적과 향후 뇌신경발달 등 장기적인 측면에서의 삶의 질을 향상시키는 데에 큰 도움이 될 것이다.

둘째, 기형이 특히 심각하여 임신중절수술을 고려한다면 반드시 다른 기형전문가가 재확인하도록 하는 제도가 필요하다, 이러한 이

중점검 과정을 거친다면 진단이나 상담 오류에 의한 잘못된 결정을 줄일 수 있을 것이다.

셋째, 선천성 기형이 의심되는 태아에서 임신중절수술을 하는 경우에는 반드시 부검을 실시하고 그 결과를 공기관에 보고하도록 하는 제도가 마련된다면 무분별한 임신중절수술을 예방하고 동시에 국가적으로도 중요한 정보이나 현재는 얻을 수 없는 선천성 기형의 데이터베이스를 구축하는 데 도움이 될 것이다.

넷째, 기형을 가진 태아의 부모를 상담할 때에는 선천성 기형의 최근 치료방법과 치료성적을 정확히 알아보고 상담하는 것이 중요하다. 즉 과거에는 치료성적이 좋지 않았던 기형들, 특히 심장병들도 현재의 발달된 치료방법으로 많은 경우 완쾌가 가능하게 되었기 때문이다.

끝으로 가장 중요한 대책으로 올바른 성교육과 피임에 관한 홍보와 나아가서는 더욱 근본적인 생명에 관한 올바른 가치관을 위해 지속적인 교육이 절실히 필요한 때이다.

『한국보건의료정책 혁신 어젠다』, 연세대학교 보건대학원 의학원 총서, 2005년 2월

책임을 나누는 사회

최근에 태어난 아기의 이야기입니다. 아이가 태어났는데 구순(언청이, 토순이), 구개열(입천장 갈라짐) 등 입 기형과 심장기형으로는 큰 심실중격결손(양 심실 사이 칸막이에 큰 '구멍')이 있었습니다. 아기 아빠에게 아기의 상태를 알리니 적극적인 치료를 거부하였고 아이 엄마에게는 알리지 않기를 원했습니다. 의료진이 간신히 설득하여 결국 심장수술과 입술수술 모두 무사히 받고 현재 입천장수술만 기다리고 있습니다. 외래 진료 시에 보니 아기는 잘 먹고 잘 자라서 토실토실한 모습으로 눈이 마주칠 때마다 벙긋벙긋 잘 웃어서 가족 모두가 대단히 행복해하는 모습을 보면서 새삼 가슴이 따뜻해짐을 느낄 수 있었습니다.

심장기형 환자들만 돌보다 보니 이 같은 경우를 드물지 않게 경험하게 됩니다. 부모의 인식 부족과 어려운 경제적 여건 때문이라고 생각됩니다. 위에 든 사례는 그래도 해피엔딩이어서 다행입니다만 그렇지 못한 경우도 많은 것이 사실입니다. 제가 겪은 안타까운 사례들을 몇 개 들어보면 아이가 심장수술을 받고 새 삶을 찾았으나 아이 엄마가 어려운 시기를 극복하지 못하고 가출하여 할머니 혼자서 키우는 아이, 자녀 셋 중 두 명이 복잡 심장기형을 가지고 수술을 여러 번 받아야만 하는 가족, 심장병 가진 아이를 낳았다는 이유로 시댁에서 쫓겨나 혼자서 어렵게 아이를 키우는 젊은 엄마 등등 상황이야 제각기 다르지만 많은 사람이 저마다 가슴 아픈 사연들을 가지고 살아가고 있습니다.

옛말에 병만 고치는 의사를 소의, 사람을 고치는 의사를 중의, 그리고 사회를 고치는 의사를 대의라고 하였습니다. 이 중 최소한 중의 자격이라도 갖추려면 환자의 병뿐만 아니라 가족관계, 경제상태, 교육상태 등 다른 부분들에도 의료진의 관심이 미쳐야 합니다. 또한, 아이의 치료를 가족에게만 전적으로 맡길 것이 아니라 국가와 사회의 모든 구성원이 다만 그 일부분이라도 책임을 나누어야 한다는 개념이 널리 도입되어야 합니다.

어린이, 특히 정신적으로 또는 신체적으로 어딘가가 불편하거나 아픈 어린이들이 성인과 다른 점은 자기 생명이나 미래와 직결되는 결정을 본인 스스로 할 수 없고 부모나 다른 성인이 대신해준다는 점입니다. 그러나 이들을 제도적으로 도와주고 위로해줄 수 있는 마땅한 기관이나 단체가 턱없이 부족한 실정이므로 이들의 치료와 재활에 드는 재정적인 그리고 심리적인 부담은 고스란히 부모들의 몫이었습니다. 이런 측면에서 볼 때에 어린이를 돌보는 의료진과 팀원들의 사명감이 더욱 절실히 요구되며 나아가서 더욱 중요한 것은 제도적인 뒷받침을 해 줄 수 있는 정부 차원에서의 올바른 정책 수립이라고 할 수 있습니다.

국가로부터의 지원이 선진복지국가 수준으로 개선되기 전까지는 이들을 제대로 도와줄 수 있는 공익재단으로서의 세이브 더 칠드런(어린이 보호 재단)과 같은 민간단체의 중요성이 바로 여기에 있다고 할 수 있습니다. 모쪼록 세이브 더 칠드런이 많은 사람의 참여와 호응 가운데에서 그 역할을 충실히 하여 각종 어려움을 겪고 있을 아이들과 그 가족들에게 완쾌와 위로를 골고루 나누어줄 수 있게 되기를 진심으로 바랍니다.

〈세이브 더 칠드런 소식지〉 2005년 9월 10일

자라지 않는 아이

세상 사람 '모두'가 이 책을 읽기를 진심으로 기원하는 심정으로 이 글을 쓴다. 이런 책이 있는지조차 모르고 이제껏 나 자신이 장애인 문제, 기형아 문제에 관심이 많다고 생각한 것에 대하여 의사, 특히 소아과 의사로서 부끄럽다는 생각이 들 정도로 감동적이고 교육적이다. 내가 하고 싶었던 말들이 마치 내 마음을 읽듯이 이 책에 그대로 적혀 있다. 이런 문제들에 대하여 어느 누가 글을 쓰더라도 이 책보다 더 설득력이 있을 수 없다고 본다.

펄 벅 여사는 중국에서 오래 살고 '대지'를 쓴, 퓰리처상과 노벨문학상을 받은 위대한 여성작가이며 우리나라 전쟁고아들을 미국으로 입양시키는 기관을 만드신 분으로만 알았다. 그러나 이 책을 읽은 후에야 비로소 이분의 참모습을 알게 되었다. 이 책에서 펄 벅

The CHILD who never grew
(펄 벅 지음 / 양철북)

여사는 딸 캐롤이 Phenylketounia(PKU)• 라는 대사성 유전질환으로 인한 심한 정신 지체 때문에 겪게 되는 정신적 고통과 이를 승화하여 세계적인 위대한 휴머니스트 작가가 된 과정이 너무나도 솔직한 필치로 기술되어 있으며 이 분의 아픔이 문장 하나하나에 깊숙이 배어 있다. 당시의 의학 수준으로는 진단이 불가능했으므로 원인을 몰랐기 때문에 더 큰 고통을 겪었던 점이 더욱 안타깝다.

이 책을 읽는 도중 내가 1970년대 말 미국 휴스턴(Houston)의 베일러(Baylor)의대 부속 텍사스 소아병원에서 소아과 전공의 시절 방문했던 장애인 '수용시설'('재활시설'이 아님)에서 받았던 충격적인 장면들이 새삼 머리에 떠올랐다. 투명한 유리 항아리 모양의 엄청나게 큰 머리를 가진 수뇌증 아이, 책에서만 보았던 온갖 증후군과 선천성 기형을 가진 아이 등, 이 책에서 묘사된 장애인 수용시설과 똑같

• PKU는 유전성 대사질환으로 출생 직후 치료를 시작해야 하며 평생 치료가 필요한 희귀질환이다. 조기에 치료하지 않으면 심한 지능저하가 생긴다. 지금은 우리나라를 포함하여 대부분의 선진국에서 출생 직후 모든 신생아를 대상으로 국가 부담으로 의무적으로 진단 검사를 시행하고 있다.

은, 거대한 창고 같은 공간에 빽빽하게 수용되어 있었던 수많은 아이들, 심한 악취와 불결한 위생 상태가 새삼 생각났다. 이 책을 읽다 보면 지금은 장애인복지가 우리나라에 비해서 훨씬 좋다고 생각되는 미국에서도 과거 수십 년에 걸쳐서 장애인에 대한 법규, 제도, 처우, 재활 등에 굉장한 발전이 있었다는 것을 알 수 있다. 그리고 이러한 발전은 저절로 얻어진 것이 아니라 펄 벅 여사와 같은 수많은 사람의 피나는 노력과 희생의 결과임을 알 수 있다. 이런 변화의 과정들이 시대별로 잘 정리되어 있어서 복지 분야에 관여하는 사람들에게 큰 도움이 될 것이다.

나는 1970년대 말부터 80년 후반까지 미국에서 살면서 거의 매년 우리나라를 방문하였다. 그리고 그때마다 내 아이들을 데리고 다녔는데 아이들이 시끄럽다고 언제나 좌석을 비행기 맨 뒤에 배정받았다. 그런데 한국에서 출발하는 비행기에서는 거의 매번 옆자리에 미국으로 입양되어 가는 아이들이 함께 앉게 되었는데 그 아기들을 볼 때마다 가슴이 찡하면서 대책 없는 분노를 느끼곤 하였다. 한 번은 LA 공항에서 내리는데 입양기관에서 나온 미국사람이 내 아이를 입양아로 오해하여 데리고 가려고 해서 기겁을 했던 기억도 있다. 이런 인연으로 나는 입양아 기사가 신문에 나면 혹시 그때 내 옆자리에 앉았던 아기가 아닐까 하는 실없는 생각을 해보곤 한다. 이와 같이 우리나라에서 과거 수십 년간 이루어진 국외 입양과 '혼혈아'

문제는 이 책에서 다루는 또 다른 중요한 주제로 미식축구선수 하인즈 워드 덕분에 드디어 50년 만에 우리나라에서도 본격적으로 그 중요성과 심각함이 사회적 문제로 대두되고 있다. 이 문제는 남의 문제가 아니라 우리 모두가 함께 고민하고 풀어야 할 문제로서 이 책에서 저자가 해결의 실마리를 제공해준다는 점에서 꼭 읽어보아야 한다. 또한, 최근 논란의 대상인 사형제도와 안락사 등 예민한 사회 문제들에 대해서도 작가의 생각들이 정리되어 있다.

이 책을 읽으면 하나님이 특별히 지정한 사람에게 특별한 시련과 임무를 맡기시고 그 임무를 수행할 수 있는 능력도 함께 주시는 것 같다. 시련은 변장된 축복이라는 말이 맞다는 것을 이 책을 통하여 새삼 느낀다. 펄 벅 여사와 딸 캐롤은 이 세상 잣대로 본다면 참으로 큰 고통과 시련을 겪었고 불행한 삶을 살았다고 할 수 있으나 다른 측면에서 본다면 그 어느 누구보다도 고귀한 삶을 살았다고 할 수 있다. 이 두 사람을 통하여 하나님이 이 세상에서 어떤 방식으로 역사하고 계시는지, 그리고 이들로 인하여 얼마나 많은 사람이 구원과 위로를 받았는지도 짐작할 수 있다. 이 세상의 수많은 영재, 천재들보다 이 한 명의 아이가 왜 더 중요한지, 왜 이 세상에 나왔는지를 이해할 수 있을 것 같다.

몸 또는 마음 어딘가에 상처를 가지고 살아가는 사람들, 그들의 가족, 특히 어머님들은 이 책에서 위로와 희망의 불꽃을 볼 것이다. 그리고 아마도 그분들만이 이 책을 완전히 이해할 것이다. 그리고 의료인을 포함하여 장애인과 연관된 업무가 직업인 사람들이 항상 가슴에 새겨두고 기억해야 할 글들로 가득 차 있다. 사실 우리 모두 예비장애인이므로 결국 모든 사람이 이 책을 읽어 볼 것을 권한다.

〈여의회보〉 2006년 8월 1일

잊지 못할, 잊어서도 안 될 아이들과 엄마들

의과대학 졸업한 지 벌써 32년째다. 원래 암 전문의가 되고자 했으나 '암환자는 치료가 어려우므로 모두 불쌍하다.'라는 잘못된 선입견 때문에 암환자들을 대할 때 내가 감정 조절이나 치료를 냉정하게 잘할 수 있을지 자신이 없어서 암 전공을 포기했다. 지금이야 백혈병을 비롯한 많은 종류의 암환자들의 생존율이 높아져서 암 진단이 곧 죽음을 의미하지는 않는다. 그러나 30년 전만 해도 대부분 암의 치유는 매우 어려웠다. 이런 이유로 암환자를 피해서 전공을 소아심장학으로 결정했고, 한참 후에야 나의 이런 생각이 얼마나 잘못된 것이었는지를 깨달았다. 하지만, 동기야 어찌 되었든 간에 지금 되돌아 생각해보아도 내가 소아심장학을 전공하기를 참으로 잘했다는 생각에는 변함이 없다.

전공이 신생아와 영유아의 복잡 심장기형이다 보니 불행히도 수술 전후로 사망하는 아이들을 경험하며, 그때마다 죽음에 대해 생각한다. 그런데 자식의 죽음을 접하는 태도를 보면 종교적 배경 때문인지 민족 간에 큰 차이가 있음을 알게 된다. 전에 사우디아라비아 리야드의 한 병원에서 잠시 근무했는데 그곳에서는 아이가 죽어도 아빠들은 절대 울지 않는다. 즉 알라신이 아이를 더 좋은 데로 데려갔다고 생각하므로 항의는 생각도 못 할 일이었다. 하지만, 엄마는 역시 달라서 남의 눈에 띄지 않는 구석에 몰래 숨어서 우는 여자들을 발견하곤 했다. 또 한번은 미국에서 동료 여의사의 아이가 경련발작 후에 사망했다. 이 여의사가 장례를 치르고 1주일 후에 주위 친지들에게 그동안 아이와 함께 행복하게 지낼 수 있었던 것에 대해 하느님에게 감사한다는 내용의 편지를 써 보내면서 마음을 달래는 것을 보고 큰 감동을 받았다. 이에 반해 우리나라에서는 비록 드물기는 하지만 치료하기 힘든 암이나 심장병으로 아이가 죽은 후 온 가족이 병원에 몰려와 아이를 살려내라고 농성을 하는 경우가 있다. 심정은 이해하지만, 매우 씁쓸하고 안타까운 일이다. 반면에 아이가 죽은 후 최선을 다해주어서 고맙다고 부모가 찾아온 경우도 몇 번 있었는데, 정말 훌륭한 부모라는 생각이 들면서 저절로 머리가 숙여지고 함께 눈물을 흘린 적도 있었다.

"환자를 많이 죽인 의사가 명의다."라는 말이 있다. 표현이 과격하고 그다지 좋은 말은 아니지만 약간은 사실인 부분도 있음을 완전히 부인할 수는 없다. 즉 '중한 환자를 다룬 경험이 많은 의사가 훌륭한 의사'라는 뜻의 다른 표현이라고 할 수 있다. 물론 처음부터 잘 고쳐서 모두 낫게만 해준다면 죽는 사람도 없고 좋겠지만, 이는 현실적으로 어려운 일이다. 사실 의료행위의 많은 부분은 자기나 남의 실수에서 배운다. 그래서 의사들의 학회발표 중에는 'my nightmare case'라고 하여 자기가 경험한 최악의 상황을 남들에게 알림으로써 다른 의사들이 같은 잘못을 저지르지 않도록 예방하고자 하는 매우 효과적인 교육프로그램이 있다. 이런 맥락에서 나는 가끔 소아심장학을 전공하기 시작한 1978년 이후 기억에 남는 환자들을 곰곰이 되새겨보곤 한다. 전공의나 학생들에게도 딱딱한 강의보다 이들의 이야기를 해주는데 이는 무척 효과적인 교육방법이다.

선천성 심장병의 많은 종류는 저절로 좋아지거나 또는 치료가 필요 없다. 그리고 약 절반 정도는 개심수술이나 도관을 이용한 비수술적 치료로 완쾌가 된다. 그러나 아무리 발달된 현대의학으로도 치료가 어렵거나 또는 수술을 여러 번 해야 하는 경우가 있다. 특히 내가 근무하는 울산의과대학 서울아산병원에는 고치기 어려운 환자들이 전국에서 모인다. 그러다 보니 복잡 심장기형을 가진 아이들이 많고 한 번의 수술로 치료가 끝나지 않는 경우도 많아서 병실과 외래에서 자주 보게 된 이들과 그 부모들의 사연이 오래도록 내

기억에 남아 있다. 아이 아빠들의 감동적인 사연도 물론 있지만, 『신은 모든 곳에 있을 수 없기에 어머니를 만들었다』라는 책처럼 나를 감동시키고 숙연하게 만드는 애절한 사연들과 극적인 삶의 주인공들은 대부분 엄마이다. 특별히 기억에 남는 사연들을 여기에 소개한다.

어느 토요일 저녁 늦게 연구실 전화가 울려서 약간은 짜증이 나려는데 전화선 너머에서 들리는 목소리가 차츰 이상해지고 울먹이기 시작한다. 심장병 가진 아기를 낳았다고 방금 시집에서 쫓겨났다며 하소연하던 엄마였다. 이 외에도 외래에서 마지막 순서로 들어와서 한없이 울던 엄마, 부부 모두 중증 장애인으로 산모가 생명의 위험을 무릅쓰고 어렵게 출산을 했는데 생후 1년 만에 심장병으로 사망한 아이, 태아 초음파검사에서 심장병이 발견되었지만 그래도 치료해 잘 길러보겠다고 했는데 막상 태어나자 손가락 기형이 발견되어 멀리 해외로 입양시켜달라고 조르다가 끝내 아이를 병원에 버리고 간 젊은 부부, 불임시술로 어렵게 얻은 세쌍둥이 중 한 명만 온전하고 다른 두 명은 뇌성마비와 복잡심장병이었는데도 세 아이를 정성스럽게 키우고 있는 젊은 부부와 조부모님들, 쌍둥이 모두 염색체이상과 심장병을 가져서 수술 등 재활치료를 해가면서 힘겹게 그러나 열심히 살고 있는 장한 부모, 뇌성마비로 꼬인 다리를 펴주기 위해 보톡스 주사를 계속 맞아야 하는데 엄청난 재정적

부담을 견디지 못하고 치료를 포기해야 하는 부모, 어릴 때에는 아무런 증상이 없거나 가난해서 병원에 가지 못하고 심장병을 그대로 방치했다가 성인이 된 지금 수술시기를 놓쳐 시한부 삶을 힘겹게 살아가는 성인 환자들, 다운증후군과 동반된 심장병을 가지고 출생한 아이를 신이 준 선물이라고 생각하면서 더 잘 키우기 위해 둘째 아이를 갖지 않고 온갖 정성으로 키우는 목사부인, 치료 가능한 심장기형임에도 불구하고 치료를 거부하고, 만류하는 의료진들을 뿌리치고 퇴원했다가 아이가 계속 살아 있으니 다시 병원에 데리고 와서 결국 수술받고 완쾌된 아이, 산전초음파 검사로 심장병이 있다는 것을 미리 안 상태에서 엄마 자궁 안에서 곱게 키워서 출생 즉시 수술받고 지금은 건강하게 살아가는 아이들, 그들의 목소리가 들려온다. 스쳐 간 많은 아이와 부모들이 생각나면 가슴이 뭉클해지고, 지금 이 순간 모두 어디에서 어떻게들 살고 있는지 궁금하기도 하고 애틋한 생각에 가슴이 저려온다.

사실은 이런 아이들과 부모들의 어려움을 가까이에서 목격하면서 느꼈던 우리나라 의료전달체계의 문제를 어디엔가 항의하고 싶었다. 의사들은 많은 환자를 짧은 시간에 진료해야 하기 때문에 아이의 심각한 상황에 대해 성실하게 상담하고 질문에 답변해줄 시간이 절대 부족하다. 어렵게 예약하고 만나게 된 심장전문의가 아기의 심장병이 수술을 세 번이나 해야 할 정도로 심각하다는데 고작

10분 미만의 진료시간에 모든 것을 이해하고 만족할 부모가 세상 어디에 있겠는가? 외래 진료실에서 이런 식의 초스피드 상담을 하고 나면 나 자신도 아주 꺼림칙하다. 그리고 뻔히 이해하지 못한 표정으로 다음 대기환자 때문에 쫓겨나가다시피 진료실을 나가는 부모들에게 참으로 미안하다는 생각이 들면서 동시에 이러한 의료제도에 대해 분개하게 된다.

아울러 이런 모순을 개선할 수 있는 어떠한 방법도 강구하지 못하는 나 자신에 대하여 더욱 답답함을 느낀다. 이런 때에는 나는 은퇴한 후에 심장병 환자와 가족들의 상담만이라도 제대로 해주고 살아도 소아심장 의사로서의 보람된 삶이 되겠다는 상상을 해본다. 그래도 위와 같은 안타까운 경우보다는 나로 인해 지금 건강하게 잘 살아가는 아이들이 훨씬 더 많기에 오늘도 희망을 가지고 출근한다.

위의 사연들에서 알 수 있듯이 지금 같은 제도 안에서는 환자와 부모, 특히 엄마의 희생으로 심장병을 가진 아이들의 치료와 재활이 이루어지고 있다. 즉 사회와 국가가 부담해야 하는 부분이 분명히 있음에도 불구하고 지금은 의료보험 이외의 모든 부담을 환자 개인과 부모가 떠안고 있는 상황이다. 의사가 열심히 공부하고 연구하여 환자 한 사람 한 사람의 치료를 잘 해주는 것도 물론 중요하고 의사의 기본적 도리다. 그러나 이들을 좀 더 제도적으로 그리고 체계적으로 뒷받침할 수 있는 올바른 정책을 만드는 것도 환자 치료 못지않게 중요하다. 따라서 직접 환자를 치료함으로써 이들을 가장 잘 이해하는 의사들이 사회와 국가의 제도를 개선하고 올바른 정책을 수립하는 데 좀 더 적극적으로 참여해야 한다.

"병만을 고치는 의사는 소의, 사람을 고치는 의사는 중의, 사회를 고치는 의사는 대의"라는 옛말이 있다. 물론 상아탑 안에서의 연구도 중요하지만 이런 문제들을 일반인들뿐 아니라 언론인, 행정가, 정치인들에게도 널리 알려서 좀 더 나은 제도를 만들어주는 것이 환자들과 부모들, 특히 엄마들을 도와주는 길이 되며, 환자 치료 이외에도 의사들이 꼭 해야 할 중요한 사명과 임무임을 많은 분이 공감하기 바란다.

『여성, 과학을 만나다-대한민국을 연 61인의 여성과학자』,
한국여성과학기술단체 총연합회 편저, 양문출판사, 2005년

나는 왜
소아심장학을 택하였는가?

누구나 나이가 제법 든 다음에 지난 세월을 돌이켜 볼 때, 자기가 원래 계획했던 대로 된 일보다는 본인의 의사와 상관없이 인생 항로가 결정지어진 경우가 훨씬 더 많을 것 같다. 내 경우도 예외는 아니어서 내 계획대로 된 일은 의과대학을 들어갔을 때와 미국에서 다시 귀국하겠다고 마음먹었던 일뿐이고, 나머지의 진로는 상당 부분 내 의사와는 별 상관없이 결정되었던 것 같다. 그러나 다행히 큰 후회는 없다.

1973년 의과대학 졸업 후 1년간의 인턴과정을 마쳤을 때, 그 당시 많은 의대 졸업생들이 그랬듯이 미국 병원으로 수련을 받으러 가기로 하였다. 그러나 미국에서의 수련은 7월 1일에 시작하는데 입국비자가 10월이 되어서야 나왔으므로 먼저 계약된 병원에 가지를 못하고 다음 해 6월까지 휴스턴의 친척집에 얹혀서 무위도식하게 될 형편이었다.

이때 우연히 신문에서 휴스턴 변두리에 있는 작은 병원에서 호흡치료사를 구한다는 광고를 보았다. 사실, 이 직업이 무슨 일을 하는지 전혀 아이디어가 없는 상태에서, 그냥 놀고 지내는 것보다는 영어도 배우고 돈도 받고 미국 병원의 분위기도 익힐 수 있다면 의사직이 아니면 어떠랴 싶어서 그 병원에 찾아가게 되었다. 그런데 마침 그 병원의 물리치료사로 있던 여자직원이 자기가 아는 근처 병원에서 일반의사를 구하니 소개시켜 주겠다고 해서, 다음날 휴스턴에서 한 시간 정도 떨어진 시골 병원에 가서 취직하게 되었다. 그래서 우리나라에서 1년 동안 인턴 한 실력으로 시골 의사 노릇을 8개월간 하였다. 모르면 용감하다고 지금도 그때 일을 생각하면 등골이 서늘할 정도로 아슬아슬했던 일들이 많았고 실수도 있었다. 그래도 큰 문제 없이 무사히 8개월을 마칠 수 있었음에 지금도 하느님께 감사하고 있다. 한번은 칼에 맞아 출혈이 심한 환자를 응급처치하여 살려 준 후로 동네 신문에 날 정도로 유명해졌던 좋은 추억도 남겼다.

그때 마침 휴스턴의 베일러의과대학의 예방의학과와 이 병원이 협력관계를 맺기로 한 프로젝트가 시작되면서 이 대학의 교수 한 분과 알게 되었다. 비록 이 프로젝트는 결국 1년 후에 무산되긴 했지만, 그분이 베일러의대 소아과에 소개를 시켜 주어 다음 해에 드디어 미국에서의 정식 소아과 수련을 시작하게 되었다.

원래 나는 소아과에는 별 관심이 없었으나 베일러의과대학이라는 명성 하나만 보고 과는 아무래도 상관이 없다는 생각으로 소아과 레지던트를 시작하게 되었다. 베일러의과대학의 소아과 수련은 주로 텍사스어린이병원(Texas Children's Hospital)에서 받게 되었는데, 이 병원의 소아심장 분과는 세계에서도 가장 권위 있다고 알려져 있었다. 또한 선천성 심장병 수술의 개척자인 덴톤 쿨리 박사(Dr. Denton Cooley)를 위시해서 세계적으로 유명한 소아심장 의사들이 여러 명 있었으므로 기왕에 남의 나라에 어렵게 공부하러 왔으면 그 병원에서 제일 앞선 분야를 배워 가고 싶다는 욕심이 생겼다. 그리고 나를 편견 없이 공정하게 평가해 주었고 수련 초창기의 어려움을 극복하는 데 많은 도움을 주었던 교수들이 전부 심장전공이었던 것도 내가 소아심장학을 전공하게 된 중요한 계기가 되었다.

1975년부터 1982년까지 7년간을 소아과 레지던트와 소아심장 펠로십을 하였는데, 심장병을 가진 작은 아기 환자들에게 심혈관 조영술 등의 검사를 하여 정확한 진단을 내리고, 아기들이 성공적인 수술을 받아 완쾌되는 것을 보면서 매우 신기하기도 하였으며 큰 보람을 느끼게 되었다. 그래서 이 분야야말로 한국에 가서 매우 요긴하게 쓰일 수 있으리라는 확신이 들었고, 이것이 소아심장을 전공하고 후에 다시 귀국하게 된 계기가 되었다.

내가 소아심장학을 전공하게 된 또 다른 이유는, 소아과 레지던트를 하면서 소아심장병동 근무를 두 달에 걸쳐서 마치고 나니 의과대학 재학 도중 어렵게만 느껴졌던 선천성 심장병이 어느 정도 이해가 되기 시작하면서 전에는 잘 들리지 않았던 심잡음이 차츰 들리기 시작했기 때문이었다. 여기에서 생겨난 자신감이 내친김에 더 깊이 들어가서 공부하고 싶다는 생각이 들게 했고 더 나아가서는 한국에 돌아가면 후배들을 잘 가르칠 수도 있겠다는 막연한 기대감으로 이어졌던 것이다.

소아심장학은 타 분야에 비해서 비교적 독특한 분야라고 할 수 있으며, 일반인은 물론이고 의료인들조차도 정확히 무슨 일을 하는 분야인지 잘 모르는 분들이 많다. 내과에서 다루는 많은 질병은 거의 모든 성인이 언젠가는 어느 정도 발병하거나, 또는 주위에 이런 병을 가진 분들도 많으므로 자연히 사회 전체의 관심도가 높고 수요도 많아 전문의의 숫자도 많다. 이에 반해서 소아 심장병 환자의 숫자는 비교적 제한되어 있으므로 소아심장 전문의의 숫자도 적고 일반에게 덜 알려진 편이다.

또 다른 특징은 소아 심장병은 거의 대부분이 발견되면 즉시 검사를 시행해서 치료의 방침을 결정해 주어야 하므로 소아 심장 환자들에게는 외래에서의 소위 '대기자 명단'은 원칙적으로 존재하지

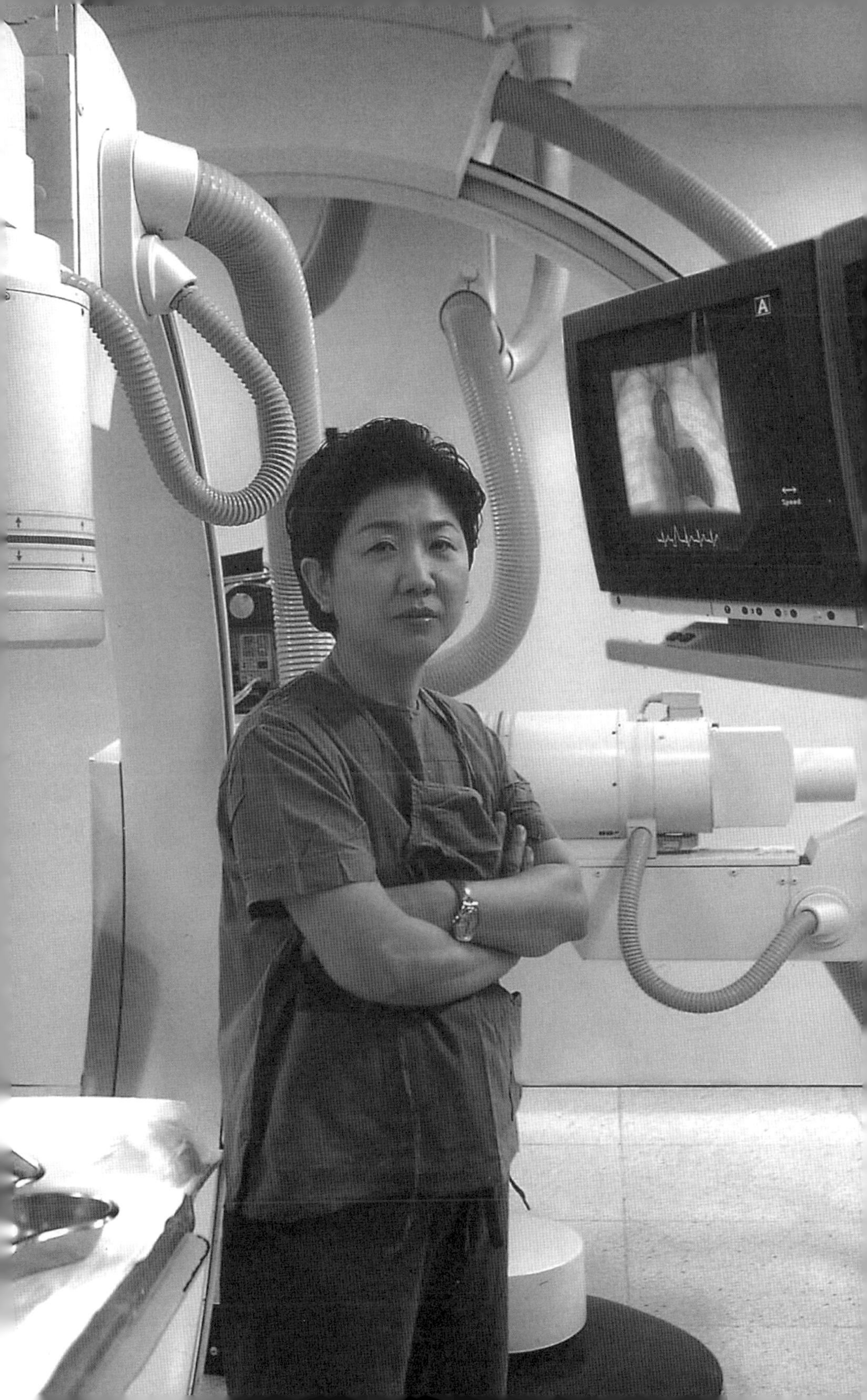
A

않는다고 해도 과언이 아니다. 또한, 치료가 급하지 않은 상황이라도 대부분의 부모가 아기의 심장에 이상이 있을지도 모른다는 힌트만 주어도 당장 검사받기를 원하므로 소아심장 의사는 이에 항상 즉각적인 대처를 해주어야 한다. 따라서 소아심장 전문의는 이러한 관점에서 본다면, '명의'의 기준이 외래진료를 기다리는 환자 '대기자 명단'의 길고 짧음에 의해 결정되는 왜곡된 의식을 가진 우리나라 사회분위기에서는 그 대열에 들 수 없는 분야이다.

소아과학이 결코 내과학의 축소판이 아닌 것과 마찬가지로 소아심장학도 성인 심장학의 축소판이 아니다. 어떤 면에서 보면 소아심장학이란 소아과학, 심장 내과학이 전부 골고루 관련되어 있으면서 그 중심에 소아심장학이라는 독립된 분야가 그 주축을 이루는 학문이라고 하겠다. 소아심장학도 근래에 들어서 성인심장학과 마찬가지로 더욱 세분화되어 가는 추세인데, 다음과 같은 여러 분야에서 활발한 연구가 진행되고 있다.

즉 태아와 신생아에서의 심장학(Fetal and Neonatal Cardiology), 심장 초음파검사, 심혈관 조형술 및 심도자 검사, 도관을 이용한 선천성 심장병의 비수술적 치료(Catheter Intervention), 복잡 심기형을 가진 신생아, 영유아에서의 수술 전후의 병태생리 및 최선의 수술방법에 대한 연구, 분자생물학을 이용한 선천성 심장병의 원인 규명(Molecular Cardiology), 수술 후 중환자 관리, 부정맥의 전기 생리 검사

(Electrophysiology) 및 도관을 이용한 부정맥의 치료(Catheter Ablation of Arrhythmia), 심장 및 폐 이식, 성인병 예방을 위시한 예방 소아심장학 등을 들 수 있고, 앞으로의 소아심장 관련 기초연구와 임상진료도 이러한 방향으로 세분화되고 있다.

특히 근래에는 개심술의 기술적인 향상과 교정수술의 방법과 시기에 대한 개념의 변화로 신생아, 영유아의 나이나 체중에 관계없이 복잡기형에 관한 치료성적이 매우 좋다. 이러한 좋은 성적을 얻기 위해서 출생 직후, 때로는 출생 전부터 진단을 내려서 출생 직후에 진단과 치료의 방침을 결정하는 경우가 점차 증가하고 있다. 따라서 소아심장 전문의는 많은 경우 매우 어린 환자들을 대상으로 하므로 모든 조처에 있어서 시간적 여유가 별로 없고, 치료 도중 시시각각 생사가 교차하는 사건들이 예고 없이 돌발할 수도 있으므로 언제든지 위급상황에 대처할 준비가 되어 있어야 한다.

동시에 사소한 실수나 방관도 환자에게는 치명적일 수 있으므로 항상 긴장을 늦출 수 없으며, 진료에 신속함과 완벽을 추구하는 습관이 필수적이다. 따라서 다른 전문분야에 비해서 이처럼 응급상황도 많고 유난히 힘들게 느껴질 수도 있는 근무여건은 소아심장학을 전공하지 않은 사람들이 이해하기 어려우므로, 간혹 과 안에서 또는 조직 내에서 갈등을 일으킬 수도 있다. 그러므로 이에 대한 인내도 필요하며, 동시에 남이 알아주기를 바라기보다는 자기가 맡은바

소명감에만 충실할 수 있도록 노력하는 자세가 요구된다.

소아심장학의 또 다른 특징은 소아심장외과와의 밀접한 관계가 효과적인 진료와 연구에 필수적이라는 점이다. 즉, 소아심장학과 소아심장외과학은 상호 간의 두터운 신뢰를 바탕으로 한 긴밀한 협조 없이는 독자적으로는 결코 존재할 수 없을 정도로 상호 의존도가 매우 높아, 환자에 대한 최상의 치료결과를 얻고 이에 따른 연구와 교육을 위해서도 매사에 두 과 간의 협조체제와 공동의 노력이 절대적으로 필요하다.

소아심장과가 임상진료 측면에서 볼 때 타 진료 분야와 다른 또 하나의 특징은 문제의 해결이 빨라야 하며, 치료의 결과, 즉 생사 여부가 비교적 일찍 판명되므로 한번 진단이 나면 평생 병원을 들락거려야 하는 성인병이나 다른 만성병과 달리 항상 새로운 환자들을 접하게 된다는 점이다. 또한, 진단명이 같더라도 환자마다 서로 얼굴이 다르듯이 임상양상이나 치료결과 등의 모든 면이 서로 달라 결코 단조롭다거나 지루하게 느껴지지 않고, 새로운 환자를 접할 때마다 신선한 자극을 받으며, 따라서 매사를 항상 새로이 생각하도록 해준다는 점이 다른 전공과목에서는 찾아보기 어려운 좋은 점이다.

위의 여러 학문적인, 그리고 개인적인 이유와 주위 여건 등이 복합되어서 결국 소아심장학을 전공하게 되었는데, 어떤 면에서는 소아심장학이 어렵기만 하고 보상도 적은 비인기 전공이라고 생각할 수 있겠으나 사실은 매우 다이나믹하고 깊이 들어갈수록 더욱더 흥미로운 학문이고, 무엇보다도 중요한 점은 많은 경우 이 아이의 치료에는 내가 꼭 필요하다는 생각이 드는 분야라고 자부한다. 그러므로 어려운 점이 있더라도 이러한 좋은 점 때문에 시간이 지날수록 더욱 소아심장학을 전공하기를 잘했다는 생각이 든다.

『의과대학 졸업생의 진로설계』, 김용일 편, 서울대학교 출판부, 1999년 7월

제8장

해외의료봉사

우리나라가 국제사회에서의 책무를 조금이나마 분담하고 향후 외교적 측면에서도 국익에 도움이 되는 귀중한 일을 하는 이러한 젊은이들을 만나는 것은 대단히 기쁜 일이다. 이들은 열악한 나라에서 봉사활동을 하면서 그 나라 언어와 풍습을 배우고 친구들을 만들면서 비공식 외교관 역할을 톡톡히 하고 있다.

– 박인숙 글 “캄보디아 리포트” 중에서

캄보디아 리포트

작년 이맘때 이 나이가 되도록 해외의료봉사를 한 번도 가보지 못했다는 자책감과 호기심, 막연한 불안감이 뒤섞인 복잡한 심경을 안고 트렁크에 모기 퇴치 약, 손 소독제, 컵라면, 수술복을 잔뜩 넣고 떠밀리듯 캄보디아에 의료봉사를 다녀온 후 보고서 작성을 차일피일 미루다가 일 년을 훌쩍 넘겼다. 그리고 올 2월 다시 캄보디아를 다녀왔다. 백문이 불여일견이라고 지금까지 캄보디아에 관해서 어렴풋이 들었던 것들을 직접 체험하고 보니 평소 관심이 많았다고 결코 말할 수 없는 이 나라에 대해서, 그리고 나 자신과 우리나라의 과거와 미래에 대해서 많은 생각을 하게 되었다.

어떤 나라를 단 2주일 동안 보고 와서 그 나라에 대하여 글을 쓴다는 것이 얼마나 무모한 일인지 알지만 그래도 이런 글을 쓰는 것이 캄보디아뿐 아니라 우리나라에도 유익할 것이라는 '거창한 신념'을 가지고 짧은 기간 동안 보고들은 것들을 요약해본다. 또한, 최근 국내 의료진들의 캄보디아 의료봉사가 급증하고 있는 상황에서 이 글을 통해 해외봉사에 관하여 앞으로 우리나라와 의료계가 나아가야 할 방향을 제시하고자 한다.

캄보디아 개요

우선 이 나라의 근대 역사를 간략하게 살펴보자. 땅 넓이는 남한의 1.8배이고 인구는 남한의 1/3인 나라, 캄보디아라고 하면 가장 먼저 머리에 떠오르는 세 가지를 들자면, 첫째는 킬링필드로 대표되는 인류역사상 가장 잔혹한 근대사, 둘째는 얼마 전까지 공산주의 지배를 받았던 지독하게 가난한 나라, 그리고 셋째는 필자가 1970년대 말 미국 병원에서 수련의 과정 도중 가끔 TV에서 보았던, 지금 뒤돌아 생각해보면 대단히 운이 좋았던 극소수의 캄보디아 '보트 피플'이다.

캄보디아는 프랑스, 태국, 미국, 베트남 등의 외세에 의해서뿐 아니라 자기 동족에 의한 살육을 워낙 많이 당해서 온 국민이 엄청난 마음의 상처를 안고 가난과 질병과 싸우며 하루하루 어렵게 살아가고 있는 나라이다. 캄보디아 의대 학생이 공허한 자랑처럼 늘

어놓았듯 이 나라는 오래전에는 싱가포르 등 주변 국가에서 유학올 정도로 부강했던 나라였고 앙코르 와트 유적지로 대표되는 고대 문명이 찬란했던 나라였다. 그러나 지금 국민의 삶에서 그런 흔적을 찾기는 어렵다. 1954년에 90년간 이 나라를 지배했던 프랑스로부터 독립한 후에도 끊임없는 고난의 연속이었다. 그중 가장 극악한 살육은 프랑스 유학파 공산당인 폴 포트가 크메르루주 군대를 앞세워 프놈펜에 입성한 1975년 4월 17일부터 베트남 공산정권이 이 나라를 해방시켜준 1979년 1월 7일까지의 기간에 있었다. 3년 8개월 21일(이 숫자를 의대 학생이 여러 번 강조하였다!)간 지속되었던 이 동안에만도 무려 200만 명 이상 살육되었다.

1993년 유엔의 도움으로 첫 번째 선거를 치른 후 차츰 나라가 안정을 찾아가기 시작하였고 1998년부터 외국인 선교사에게 나라를 개방하기 시작하였다. 그러나 본격적인 회복은 2003년 선거로 현 훈센 총리가 재집권한 후 사회가 안정되고 외국인 투자가 증가하면서부터이다. 헌법에 불교를 국교로 정한 불교국가이지만 라오스, 베트남과 같은 주변국들처럼 선교활동을 법으로 규제하지 않기 때문에 우리나라만 해도 현재 260명이 넘는 기독교 선교사들이 이 나라에서 활발히 활동하고 있다. 기독교 이외에도 천주교, 불교, 이슬람교, 기타 사이비 종교들까지 포교활동을 열심히 하고 있어 지금 캄보디아는 깊은 정신적 상처를 지닌 국민의 마음을 선점하려는 여러 종교의 각축장이 되고 있다. 또한, 이들을 통한 다양한 인적 교류와 경제활동이 나라 경제 활성화에 크게 기여하고 있다.

킬링필드

의료봉사활동을 마치고 공항으로 가는 길에 마음이 썩 내키지 않았으나 그래도 세계사적으로 중요한 사건의 현장이므로 무거운 발걸음으로 킬링필드 기념관을 방문하였는데 상상보다 훨씬 더 잔인한 광경에 온몸에 소름이 돋을 정도였다.

처형할 사람들 스스로 구덩이를 파게 하여 그 안에 몰아넣고 목을 잘라 죽이거나 그 밖의 갖은 잔인한 방법으로 무고한 국민을 죽인 얕은 웅덩이들이 벌판에 여기저기 널려 있었는데, 아직도 땅을 파보면 이 같은 시체로 가득 찬 웅덩이들이 더 많이 발견될 것이지만, 더 이상 발굴을 하지 않는다고 하니 도대체 얼마나 많은 사람이 죽임을 당했는지 아무도 모른다고 한다. 나이와 성별로 분류된 수많은 유골이 탑 모양의 유리건물에 보관된 모습은 사진에서 본 그대로였지만 소심한 마음에 멀리서만 보고 건물 안에는 감히 들어가지 못하였다.

사람들을 묻었던 웅덩이들 사이로 조심스럽게 걷다가 땅 위로 비죽비죽 보이는 낡은 헝겊 조각들이 궁금했는데 죽은 사람들의 옷자

락 일부라는 말을 듣고는 땅의 어디를 밟고 걸음을 옮겨야 할지 판단하기 힘들었다. 고문으로 죽어가는 사람들의 비명이 들리지 않도록 유행가를 크게 틀었다는 나무에 매달린 스피커들, 어린이들은 몸통을 휘둘러서 머리를 큰 나무 밑둥치에 쳐서 죽였다는 나무도 있다. 죽일 사람을 고르는 근거는 그야말로 황당무계의 극치였다. 교육을 받았다는 이유로, 손이 보드랍다는 이유로, 안경을 썼다는 이유로, 가족끼리 화목하게만 보여도 온 식구들을 찾아내서 몽땅 죽이고, 그냥 웃기만 해도, 아니 대부분은 아무 이유 없이 죽이고, 눈에 띄는 외국인도 모두 죽였다고 한다. 게다가 해외 유학 간 사람들을 불러들여 멋모르고, 짐작건대 고국에 봉사할 기회가 생겼다고 좋아하면서 입국하던 사람들을 공항에서 곧바로 잡아다 죽였다고 한다.

기념관에는 열 개의 족쇄가 붙은 굵은 쇠막대가 전시되어 있는데 사람 열 명을 한꺼번에 묶어 잠을 잘 때나, 용변을 볼 때나 한꺼번에 이동시켰다고 하니 비인간적인 잔인함의 극치이다. 결국, 이런 저런 사연으로 처형당한 사람들이 당시 이 나라 국민의 40%였다고 하니 광기도 이런 광기가 없다. 아마도 세계 역사에서 같은 동족에 의해 죽임을 이렇게 많이 당한 나라도 없을 것이다. 정말 분개할 일은 이런 만행을 저지른 희대의 광인 폴 포트는 끝까지 잘못을 인정하지 않고 자신의 행위를 정당화하는 발언만을 일삼았고 끝내 아무런 처벌도 받지 않은 채 정글에서 19년을 더 살다가 1998년 '자연사' 했다고 한다. 그러나 대학살의 주범 중 한 명이 올 2월 17일 드디어 전범재판 법정에 섰다는 신문보도를 봤는데, 이렇게 증거가 명명백백한 만행을 저지른 범죄자를 정의의 심판대에 세우는 데 30년이나 걸렸다니 참으로 놀랍고 이해하기 어렵다.

역사에 관한 질문을 하니 평소 얌전하던 의대 남학생이 갑자기 흥분하면서 눈에 살기가 등등해지는 것을 보고 가슴이 섬뜩했다. 자신의 친척 중 프랑스 유학파, 조종사, 교수, 엔지니어 등 지식층이 많았는데 모두 이때 죽었다고 한다. 그런데 그는 폴 포트는 물론이고 다른 나라에 대해서도 매우 분개하였다. 그 이유는 이웃 나라들이 폴 포트 정권을 은근히 지지하면서 캄보디아 국민을 도와주기는커녕 오히려 살육을 도왔기 때문이라고 한다. 캄보디아 사람들이 국경을 넘어 이웃 태국, 베트남으로 도망가면 모두 잡아서 다시 캄보디아로 돌려보내져 죽임을 당했고 캄보디아 국내에 있는 외국 대사관으로 도망가도 이들을 다시 캄보디아 경찰에게 보내서 죽임을 당하게 했다고 하니 이 나라 사람들이 이웃 나라들에 대해 분개하는 것도 이해가 간다. 이제 대학살은 지난 일이 되었지만 국민 모두가 받은 극심한 충격으로 인한 정신적인 그리고 사회적인 문제들이 나라 구석구석 남아 있어 이를 완전히 극복하는 데에는 오랜 시간이 필요할 것 같다.

물 부족, 환경문제

지금 이 나라는 모든 것이 파괴되어 남은 것이 아무것도 없는 '절대 無'인 상태에서 지난 4~5년 전부터 나라를 완전히 새로 만드는 작업을 시작한 상황이다. 국민 1인당 GDP가 $380으로 너무 가난하여 도시 빈민의 거주지역은 해방 직후 우리나라의 청계천변과 비슷해 보인다. 물이 없으니 물청소는 상상도 할 수 없고 개인위생도 아예 언급할 상황이 못 된다. 근본적으로 이 나라에 당장 필요한 것은 물 관리제도라고 생각된다. 여름 우기에는 많은 비가 오고 몇 년마다 한 번씩 메콩 강의 대범람이 일어나지만, 막상 이를 담아둘 댐이나 운하 같은 물 관리 시설이 없어 일 년의 대부분을 물 부족 상태에서 살다 보니 상수도는 물론 없고 엉망인 위생, 질병, 가난의 악순환이 지속되고 있다. 병원도 크게 다를 바 없어 진료 도중 손을 씻으려면 병원에 몇 안 되는 멀리 떨어져 있는 수도꼭지로 가야만 했다. 그나마 수압이 낮아 자주 끊어진다. 운하나 댐은 시간이 걸리니 우선 집집마다 우물이라도 파주는 사업이 지금 당장 할 수 있는 일이 아닐까 생각된다. 병원 주위 길거리의 쓰레기 수거도 아예 없어 어디를 보아도 쓰레기와 비닐봉지가 사방에 널려 있어 먹고사는 문제도 중요하지만, 지금부터 환경보호에 대한 관심도 절실해 보였다.

높은 문맹률

캄보디아의 국민 전체 문맹률은 15세 이상 남자의 21%, 여자의 43%, 농촌인구의 50%를 넘을 정도로 매우 높다. 가장 큰 이유는 물론 가난이겠지만, 또 한 가지 지적할 사항은 이 나라의 어려운 글씨체도 중요한 원인인 것 같다. 위정자들이 일부러 국민 통치를 쉽게 하려고 이런 어려운 글씨를 계속 사용하는 건 아닐까 하는 근거 없는 의심조차 들 정도로 이 나라 글씨체는 참으로 이상하고(?) 어렵다. 현지 한국인의 표현에 의하면 "라면을 부숴서 땅에 내던진 것 같은 모양"의 이 나라 글씨는 지능이 어느 수준 이상이 되어야만 배울 수 있을 것으로 생각한다. 그런데 또 하나의 이유가 있다. 캄보디아 글씨는 산스크리트어에서 유래하여 인근 태국 글씨와도 70%가 유사하다고 한다. 그런데 태국어는 많은 부분 개량되어 읽고 쓰기가 비교적 쉬운 반면 캄보디아에서는 학자들 대부분이 죽어 개량작업을 하지 못하여 아직도 이 글자를 그대로 쓴다. 한 시대의 지식인을 전멸시킨 사건이 한 세대에 그치지 않고 후대에까지 영향을 미치는 무서운 후유증이 또 한 번 확인되었다. 그리고 새삼 우리나라 한글이 너무 자랑스럽고 세종대왕에게 고마운 생각이 든다.

열악한 의료 환경

의료보험은 아예 없고 질병도 너무 많다. 현대의학으로 얼마든지 고칠 수 있거나 예방 가능한 질병들, 즉 AIDS, 말라리아, 뎅기열, 류머티스성 판막질환, 고혈압, 피부병, 피부 종기, 기생충 감염, 빈혈, 각종 암, 고혈압, 당뇨 등 끝없이 많은 질병이 이 나라 사람들을 괴롭히고 있으나 치료조차 받지 못하고 조기 사망에 이르고 있다. 또한, 신생아 4~5명당 한 명씩 발생하는 각종 선천성 기형도 많고 심한 종류도 많다. 물 부족 때문에 피부병도 아주 많다. 한 KOICA 의사에 의하면 피부병으로 내원한 아이에게 치료방침으로 손을 깨끗이 씻으라고 했는데도 피부병이 전혀 낫지를 않아서 아이가 거짓말을 한다고 생각하여 직접 사는 곳을 가보니 씻기는 씻되 물이 시궁창물이었다며 대책 없음에 한숨 짓는 것을 보았다.

위생이 이러하니 영양상태 역시 최악의 상황으로, 체격을 보고 아이들 나이를 도무지 짐작할 수가 없다. 2~3세 캄보디아 아이는 우리나라 한 살짜리 아이와 비슷하고, 10세 아이는 우리나라 아이 5~6세 정도 체격으로 신체발육이 몹시 나쁘다. 성인도 마찬가지여서 초음파검사를 하면서 보면 성인 대부분이 피골이 상접할 정도로 말라 있다. 그러나 한 부류의 사람들은 예외로 피부에 기름이 흐르고 지방층이 약간 있었는데 우리가 일했던 병원의 직원들이었다. 이들은 모두 한국의료진으로부터 초음파검사를 받고 싶어 하였는데, 이들은 그래도 고정수입이 있는 직장인들로 외연상 시골의 가난한 사람들과는 확연히 구별되어 일반 국민의 영양불량 정도를 짐작할 수 있었다.

의료봉사활동

상황이 이러한데 일 년에 한 번 반짝 와서 진단만 내리고 그 중 한두 명 데려다가 수술해주는 이런 의료봉사가 무슨 의미를 가지는지, 마치 큰 암 덩어리에 파스 하나 붙여주고 오는 것 같은 자괴지심이 들 때도 간혹 있다. 그러나 이런 방문이라도 하여 진단이라도 내려주고 치료가 가능한 경우 성심껏 치료해주면서 그들에게 관심을 보이는 것 자체만으로도 중요한 의미가 있다고 생각된다.

작년에는 나흘 동안 무려 3,000명 이상의 환자들을 진료하였고 올 해에는 약 1,900명의 환자를 3일에 걸쳐서 진료하였다. 그런데 환자들 대부분이 남녀노소 할 것 없이 모두 온몸이 아프다고 호소한 것이 기억에 남는다. 모두들 열악한 위생 상태와 영양부족, 이에 설상가상으로 여기저기 몸의 질병이 겹쳐서인 것 같다. 작년에는 Kampong Trach에 위치한 KampongTrach Health Center(AIDS 병원)에서, 그리고 올해에는 Kampot 도립병원에서 진료하였는데 모두 캄보디아 남단에 위치한 병원들로서 이곳 수준으로는 꽤 괜찮은 병

Kampot 병원에서 서울아산병원 의료진들과 함께

원이라고 하였으나 두 곳 모두 손 씻을 곳도 부족했고 도로포장도 없어서 공기 중에 항상 누런 먼지가 휘날리며 위생도 아주 불량하였다. 이러한 열악한 시설에도 불구하고 우리 팀은 34건의 수술을 시행하였는데 농양제거, 탈장수술, 담낭제거, 심지어는 용감(?)하게도 유방 절제술까지도 성공적으로 시행하였다.

서울아산병원 의사, 간호사, 약사, 의료기사, 일반 직원 그리고 타 병원의사들, KOICA 의사들과 간호사 그리고 의료진의 자녀까지 모두 쉬지 않고 일한 덕분에 많은 환자를 모두 진료하고 약도 지어주고 수술도 한 것을 보고 참으로 대견하다는 생각이 든다. 우리나라 젊은이들은 마음만 먹으면 특유의 부지런함과 우수함으로 놀라운 성과를 만들어내는 능력을 가진, 참으로 대단한 민족이라는 생각이 든다. 어느 나라 의료봉사단도 단기간에 이런 엄청난 일을 해낼 수는 없을 것이다.

심장병 환자들

내가 3일 동안 심장 초음파 검사를 시행한 43명의 환자 중에서 당장 심장 수술이 필요한 환자가 25명이나 되었다. 선천성 심장병의 경우 조기 수술로 완치되는 단순 기형인 심방중격 결손이나 심실중격 결손도 수술 시기를 놓쳐서 폐동맥 고혈압으로 폐혈관이 모두 망가져 이미 수술이 불가능한 상태로 되어 고통을 받으면서 시한부 삶을 살고 있어 너무나 안타깝다. 청색증이 심하여 파랗다못해 새까만 아이들, 그리고 우리나라에서는 거의 사라진 류머티스성 승모판 질환으로 고생하는 젊은 여자들도 많다. 우리나라에서는 풍선을 이용한 판막 확장술이나 개심수술로 쉽게 치료했을 환자들이라 더욱 안타깝다.

좀 생뚱맞지만, 칭찬해주고 싶은 물건이 하나 있다. 본원에서는 낡고 오래되어 영상이 좋지 않아 쳐다보지도 않던 작은 휴대용 심장 초음파기계를 이런 열악한 지역에 가지고 가면 얼마나 요긴하게 쓰이는지 모른다. 이 기계로 나는 캄보디아에 갈 때마다 소아는 물론이고 성인 환자 검사도 한다. 또한, 본원 김영휘 교수도 필리핀 의료봉사 갈 때마다 이 기계를 가지고 가서 환자들을 선별해서 데려와 수술해 준다. 심장병 아이들을 살리는 참으로 고마운 기계인 셈이다. 비록 생명이 없는 물건이지만 전에 천덕꾸러기 취급을 했던 것에 대해 미안하다는 생각조차 들 정도로 이제는 병원에서 내가 제일 아끼는 기계가 되었다.

귀국 길에 프놈펜에 있는 프랑스 원조로 지은, 이 나라에서 유일하게 심장 수술이 가능한 Calmette 병원을 방문하여 병원장과 의사들을 만나보았다. 이 병원은 완전 사립병원으로 심장 수술을 받으려면 미화 약 4,000달러라는, 이 나라 기준으로는 엄청난 돈을 지불해야 하므로 대부분 환자가 속수무책으로 죽을 수밖에 없다. 어쨌든 현재 이 병원에 심장수술 대기자만 1,500명이라고 한다. 우리나라의 밀알 재단이 지원하여 국내 병원 수술 팀이 와서 두 어명 수술해 주었고 스웨덴, 미국, 프랑스팀이 가끔 와서 수술을 하고 간다. 또한, 캄보디아 의사 세 명도 수술을 하고 있다. 그러나 단순 선천성 심장병만 수술이 가능하며 이도 작은 아이에서는 못하고 체중이 10kg이 넘어야만 가능하다고 한다. 결국, 영양부족에 심장병까지 겹쳐 체중이 10kg까지 자라지 못하는 아이들은 모두 죽을 수밖에 없는 셈이다.

활로 4징을 포함하여 약간이라도 복잡한 심장병은 캄보디아 안에서는 수술이 불가능하다. 게다가 병원 여건상 한 달에 15건 이하의 수술만 가능하다. 결국, 한국으로(또는 다른 나라로) 환자들을 데려와서 수술해주는 것만이 이들을 살릴 수 있는 유일한 길이다. 그러나 한국으로 데리고 와서 수술할 경우 환자 한 명당 필요한 최소 경비가 1200~1500만 원이나 들어 비용 대비 효율 측면에서 많은 환자를 지속적으로 데려오기는 어렵다. 또한, 데려오더라도 복잡한 심장병이거나 예측하지 못한 수술 후 합병증이 있을 경우 사후 관리도 어렵다. 따라서 대안으로 캄보디아 병원 한곳과 협정을 맺고 우리나라 수술 팀이 캄보디아로 가서 수술을 해주고 그다음 단계로 캄보디아 팀을 우리나라로 데려와서 교육을 시키고, 궁극적으로는 캄보디아에 심장병원 또는 소아병원을 지어주어 캄보디아 의료진 스스로 환자 치료를 전담하게끔 도와주는 것이 가장 좋을 것이다.

이와 유사한 사례를 들자면 6·25 전쟁 후 모든 것이 파괴된 우리나라에 스칸디나비아 국가들이 국립의료원을 세워주고 의료진과 물자를 보내주고 우리나라 의사들을 교육시켜주었던 방식 그대로 하는 것이 최선이다. 또 하나 좋은 사례를 들자면 역시 6·25 직후 미네소타 프로젝트라고 부르는 프로그램을 미국이 만들어서 서울대 교수들을 미네소타 대학병원으로 초청하여 교육시켰고 그 대학의 교수들이 서울대학교 병원으로 와서 장기 체류하면서 우리나라

의학발전을 도와주었던 전례가 있다.

캄보디아 의대

도착 다음날 프놈펜 시내에서 의대 학생들에게 본원 교수 5명의 강의가 있었다. 선교사를 통해 연락된 기독교 단체에 소속된 학생들과 그들의 동료가 대상이었다. 우려와 달리 학생들이 영어를 잘 알아들어 통역 없이 강의하였고 질문도 많았다. 무엇보다 이들의 배우려는 의지, 질 높은 강의에 대한 열망을 그들의 눈에서 읽을 수 있었다.

캄보디아에는 현재 International University(IU)와 University of Health Sciences(UHS), 이 두 개의 의과대학이 있는데 너무나 많은 지식인이 죽었고 가난 때문에 학생들을 가르칠 교수와 영어교재가 턱없이 부족하다. 캄보디아 의대 학생들도 우리나라와 마찬가지로 치열한 경쟁을 뚫고 어렵게 선발된 최고의 엘리트들이다. 우리나라 의대와 다른 점은 입학 후 첫 1~2년에는 무조건 아래 20~30%를 떨어뜨리는 제도(낙제가 아니라 영구 제적)가 있어 학생들이 입학 직후부터 매우 긴장해 있다는 점이다. 학생들 일부는 진료 시 보조와 통역을 해주어 큰 도움이 되었다. 봉사활동을 마치고 귀국하는 날 프놈펜 시내에 위치한 UHS를 방문하고 의대 학장을 만나 정식으로

강의 후 캄보디아 의대 학생들과 함께

학생강의 요청도 받았다.

진료했던 병원 근처의 개원의들을 상대로 같은 강의를 하였는데 암흑의 30년을 거치면서 수많은 지식인이 죽고 핍박을 받았던 까닭에 개원의들은 학생들과 달리 영어도 안 통하고 기초의학지식이 부족해 보였다. 근래에는 캄보디아 남단에 한국 간호사들이 주축이 되어 간호대학(Life University)을 설립한 것은 아주 좋은 일로 연세대 간호대학학장과 대한간호협회 회장을 역임하셨던 김조자 교수가 이 대학의 총장으로 최근 새로 부임하셨다는 반가운 소식도 들었다.

KOICA(Korea International Cooperation Agency)

작년에 이어 KOICA 소속 전문의와 간호사가 각자 근무지로부터 우리가 진료하는 도립병원까지 먼 길을 마다않고 달려와서 큰 도움을 주었다. 우리나라가 국제사회에서의 책무를 조금이나마 분담하고 향후 외교적 측면에서도 국익에 도움이 되는 귀중한 일을 하는 이러한 젊은이들을 만나는 것은 대단히 기쁜 일이다. 이들은 열악한 나라에서 봉사활동을 하면서 그 나라 언어와 풍습을 배우고 친구들을 만들면서 비공식 외교관 역할을 톡톡히 하고 있다. 나아가 이런 활동을 통하여 얻는 경험과 지식은 무엇과도 비교할 수 없는 값진 자산이며 그 나라 전문가가 됨으로써 개인에게는 물론이고 국가 장래를 위해서도 큰 득이 될 것이 틀림없다. 앞으로도 KOICA의 규모가 더 확대되어 많은 우리나라 젊은이들이 참여할 수 있기를 기대한다. 다행히 이제 우리나라 청년들의 의식 수준이 높아지면서 KOICA 지원자 경쟁률이 얼마 전까지는 1:1이었는데 이제는 2~3:1 정도로 높아졌다고 한다. 경제위기가 시작되기 전부터 차츰 인기가 높아졌다고 하니 국내 청년실업률과는 무관한 것 같다.

해외의료봉사활동에 대한 제안

1) 어려움에 처한 이 나라 국민에게 물고기를 줄 것이 아니라 물

고기 잡는 법을 가르쳐야 한다. 10~20년 후를 바라보고 의대, 간호대 학생들, 청소년들의 교육에 지원을 아끼지 말아야 할 것이다.

2) 우리나라 정부에서 캄보디아에 장기적인 물 관리를 지원하여 깨끗한 물 확보를 통해 위생문제를 해결하는 것이 가장 시급한 기본과제이다.

3) KOICA가 더욱 활성화되어 더 많은 우리나라 젊은이들이 참여할 기회를 갖게 되기 바란다.

4) 가능하면 더 많은 우리나라 청년들, 특히 의대 학생들이 꼭 한 번은 해외의료봉사활동을 경험하기 바란다. 국내봉사도 중요하지만 의대생들이 미래를 바라보는 눈을 더 넓고 멀리 볼 수 있도록 외국, 특히 저개발국의 열악한 의료 환경을 직접 체험함으로써 국제보건의료 아젠다를 이해하도록 하는 것이 경쟁력을 갖춘 글로벌 리더로 키우는 지름길이 될 것이다.

5) 마지막으로, 가장 현실적인, 당장 실천해야 할 것으로 생각하는 제안을 하나 하고자 한다. 현재 많은 자선단체, 종교단체, 병원, 대학들에서 여러 형태와 구성원들로 이루어진 의료봉사단을 조직하여 캄보디아로 떠나고 있다. 인도주의적 측면에서뿐 아니라 국가 위상을 높이는 데에도 바람직한 현상이다. 다만, 봉사인력과 자원, 그리고 캄보디아 환자와 의료기관에 관

한 정보를 상호 교환하여 공조할 수 있는 통합시스템이 있다면 귀한 자원을 보다 더 효율적으로 사용할 수 있을 것이고 나아가서는 이를 통해 지속 가능한 봉사활동을 할 수 있을 것이다.

어느 나라나 마찬가지지만 특히 캄보디아의 미래 희망은 젊은이들이 많은 이 나라 인구분포에서 알 수 있듯이 청소년 교육에서부터 시작되어야 한다. 일회성 봉사보다는 교육을 통한 지속 가능한 지원이 절실히 요구된다. '잃어버린 30년'을 뒤로하고 바닥부터 다시 시작하는 캄보디아에도 '시련은 축복이다'라는 말이 꼭 들어맞기를 바라며 이 나라에서 '한강의 기적'과 같은 놀라운 변화와 발전을 조만간 목격하기를 기원한다.

〈의협신문〉 2009년 3월 9, 16, 23일

해외의료봉사단체활동 '협의체'가 필요하다

이제 우리나라 의료인들이 저개발국과 개발도상국에서 의료봉사를 시작한 지 이미 10년이 훨씬 넘었다. 한 예를 들자면 선천성 심장병을 가진 외국 환자들을 한국으로 초청하여 수술해준 지도 이미 15년이 넘었다. 특히 과거 10년 동안에는 한국 의료진들의 해외 의료봉사가 급증하여 수많은 생명을 살리는 데 크게 이바지하였다. 우리나라가 도움을 받던 나라에서 도움을 주는 나라로 바뀐 유일한 나라로서 우리 의료인들도 이에 걸맞게 국위 선양에도 큰 역할을 하고 있다고 자부한다. 이뿐 아니라 아프리카 오지에서 수십 년간 묵묵히 의료봉사를 해온 고 이태석 신부, 유덕종 선생 등 슈바이처의 길을 걷는 의사들도 많으며 아직 알려지지 않는 분들까지 포함한다면 더 많을 것으로 추측된다.

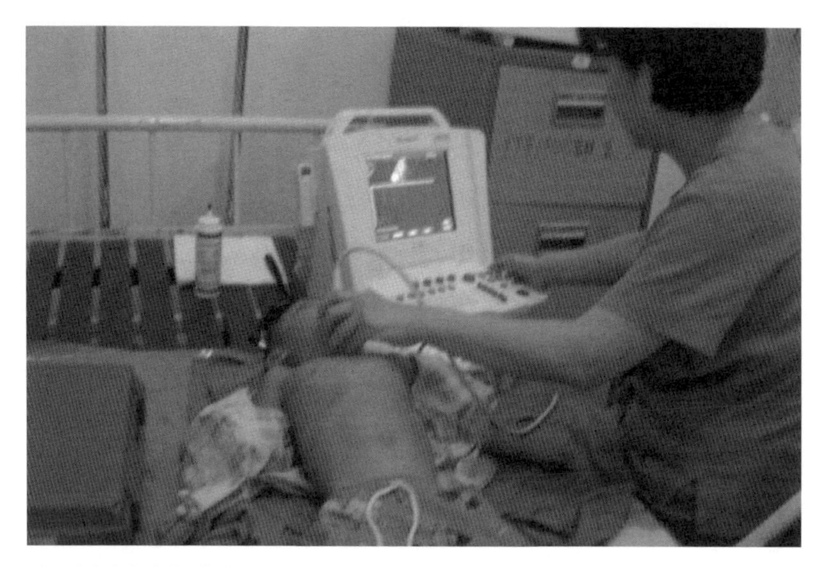

캄보디아에서 심장초음파검사

그러나 국내 의료단체들의 해외봉사활동이 급증하고 있는 지금 과거에 이룩한 성과와 실익, 그리고 앞으로의 봉사활동의 방향을 신중하게 재점검해볼 필요가 있는 시점에 도달하였다고 생각된다. 현재 정기적으로 해외의료봉사활동을 하는 단체 수는 대단히 많으며 그 숫자도 계속 증가하고 있다. 수많은 종교단체, 대학병원, 종합병원, 의사단체, 동창회, 학회, 그리고 수많은 자선 기관들이 해마다 정기적으로 해외의료봉사를 떠나고 있다. 봉사활동을 펼치는 나라를 보면 캄보디아, 필리핀, 베트남, 라오스, 중국 연변, 몽골 등에서 가장 많은 활동을 펼치고 있으며 그 밖의 동남아시아 국가들, 중앙아시아 나라들, 중동, 그리고 멀리는 아프리카까지 전 세계의 거의 모든 저개발국 및 개발도상국들을 총 망라하고 있다. 전 국민 인구수 대비 해외진료 환자 수, 참가하는 국내 의료진 수, 의료단체 수, 지원하는 국가 수, 이 모든 수치에서 세계 어느 나라도 이루지 못할 경이적인 기록일 것임이 틀림없다. 무슨 일을 해도 마음만 먹으면 확실하게 최고의 경지에 도달해야 직성이 풀리는 우리의 국민성이 해외의료봉사단체활동에서도 여지없이 나타나고 있다고 보인다.

이처럼 수많은 단체가 동시다발적으로 전 세계에서 봉사활동을 펼침으로써 인도주의적 측면에서 볼 때 수치로 표현할 수 없는 엄청난 도움을 주고 있는 것은 너무나 당연한 사실이다. 그러나 의료자원의 중복투자, 비효율성, 그리고 현지 국가의 의료전달체계에 혼란을 초래하는 등의 각종 부작용도 심심치 않게 나타나고 있다. 해외의료봉사는 국내에서 펼치는 봉사활동과 달리 외국과의 정치, 외교, 사회적 측면에서 볼 때 다분히 예민한 사안으로서 비록 선량하고 순수한 의도로 시작한 봉사활동이지만 매우 신중하게 접근해야 한다. 많은 해외의료봉사단체가 단 며칠 내에 수천 명의 '환자'들에게 '일회성, 전시성' 진료활동을 펼치기도 하며 또한 여러 단체의 중복활동으로 인하여 심한 경우 현지 국가의 '의료 생태계의 교란'을 초래한다는 극단적인 표현까지 등장하고 있는 실정이다.

따라서 이제는 이와 같은 해외의료봉사단체의 난립과 중복투자 및 중복활동으로 인한 비효율성과 문제들을 해결하기 위한 '콘트롤 타워'가 필요한 시점에 와 있다고 생각되며 이 구실을 할 공신력 있는 기관 또는 협의체가 필요하다고 생각된다. 이런 '협의체'는 해외봉사단체들을 '관리'하는 것이 목적이 아니라 이들의 활동현황을 파악하고 문제점들을 개선하여 비용과 자원 투자 대비 좀 더 효율적이고 지속 가능한 실질적인 도움을 줄 수 있도록 하고자 함이다. 또한, 이런 협의체를 통하여 해외봉사활동에 좀 더 많은 정부 차원, 또는 민간 차원의 지원을 이끌어낼 수도 있을 것이며 나아가서 국가 간 외교에도 큰 도움을 주는 부수적인 효과도 기대해 볼 수 있을 것이다.

〈의협신문〉 2011년 4월 18일

제9장

세계학회 유치

환자가 줄어든다고 소아심장학이 사라져도 되는 학문이 결코 아니며 오히려 이를 평생 업으로 생각하고 더 나은 진료와 연구를 위하여 고군분투하는 소아심장(외과 포함) 의사들의 사기 진작과 발전을 위해서도 세계학회 개최는 반드시 필요하다.

– 박인숙 글 "세계학회 유치활동의 소중한 경험" 중에서

세계학회 유치활동의 소중한 경험

나의 한계를 시험한 해, 98%의 성공

지난 11월 시카고에서 열린 세계소아심장학회 서울 유치를 위한 제안발표를 끝낸 후 유치 과정에서 비싸게 얻은 소중한 경험과 그동안의 경과를 학회에 알리는 글을 쓰려고 우물쭈물하는 사이에 국가 차원의 대형 사건들이 터지는 바람에 차일피일 미루다 이제야 컴퓨터 앞에 앉게 되었다. 지난 1년간의 유치과정에서 비싸게 얻은 소중한 경험이 세계학회를 유치하고자 하는 국내 단체들에게, 또한 아직 유치 계획이 없는 학회나 단체에 도움이 되기를 바라는 마음에서 이 글을 쓴다.

지난 한해는 내가 세상에 태어나서 가장 해외여행을 많이 한 특별한 한 해였다. 2월의 캄보디아 의료봉사와 강의를 시작으로 3월 런던, 애틀랜타, 5월 토론토, 런던, 7월 도쿄, 독일, 네덜란드, 9월 상하이, 10월 뭄바이, 오사카, 11월 시카고에서의 최종 발표, 그리고 마지막으로 12월에 이집트 카이로에 다녀왔다. 1년 사이 12번 여행에 강의만 8번 하고 수많은 사람을 만나면서 세계학회의 서울 유치를 설득하고 다녔다. 힘들 줄 짐작은 했으나 인생의 내리막길에 접어든 사람으로서 한계를 시험해보고 싶다는 오기가 발동하였고 이 세계학회는 언젠가는 반드시 한국에서 열려야 한다는 생각으로 모든 초청을 수락하고 초청이 없는 학회도 자발적으로 참여했다. 긴장을 하고 다녀서 그런지 돌아다닐 때에는 아주 건강하였으나 모든 여행이 끝난 후, 그리고 연이은 송년회 등으로 인하여 심한 몸살감기로 지금 고생 좀 하고 있다. 그러나 이렇게 돌아다니면서 세계학계와의 인맥의 기초를 다져놓은 것이 우리 학회의 미래를 위한 중요한 자산이 될 것이라는 데에는 의심의 여지가 없다.

세계소아심장학회는 4년에 한 번 열리는 명실상부 소아심장과, 소아심장외과, 소아심장마취, 심장병리, 중환자간호사, 심폐 기사 등 약 삼사천 명이 모이는 큰 행사이다. 지금까지는 유치를 신청한 두어 군데 도시 중 세계학회 운영위원회에서 대륙별로 옮겨가면서 개최지를 선정하였고 유치에 실패한 나라가 그다음 개최지로 선정되는 전통이 있었다. 그러나 이번에는 유달리 여섯 도시(서울·이스탄불·마드리드·하이데라바드·시카고·로마)나 신청해 경쟁이 치열해지

세계 소아심장학회 유치 연설, 시카고

발표 후 유치위원들과 함께

자 운영위원회에서 공정을 기한다는 명목으로 선정 과정을 어렵게 만든 결과 1차를 통과한 세 나라의 유치위원들은 1년 내내 이 일에 매달리게 됐다.

2009년 12월 말 공식 유치신청서를 접수하고 2010년 3월에 제안서 책자, 제안서와 홍보물의 PDF 파일, 동영상을 제작하여 운영위원들에게 제출하였다. 이런 홍보물을 제작하면서 나는 관광공사 직원이 된 느낌이 들 정도로 대부분의 제안서와 홍보물을 새로 만들어야만 했다. 이 자료들을 심사한 후 세 도시(서울·이스탄불·마드리드)가 일차로 선정되었다. 그 후 이 세 도시를 운영위원회 위원장 포함 위원 세 분이 직접 현장실사를 와서 도시의 기반시설, 교통, 학회장 등을 둘러보고 학회 회원들을 직접 만나면서 심층 평가를 하였다. 그 후 올해 11월 시카고에서 세 도시의 유치위원장들이 운영위원들 앞에서 구두발표를 한 후에 개최지를 최종 결정하였다. 예상했던 대로 이미 4년 전에 남아프리카에 한 표 차이로 패배한 이스탄불이 선정되었다. 터키의 조직위원장은 카리스마 넘치는 거대한 체구의 심장외과의사로서 발표 준비를 하고 있는 우리에게 자기네는 전에 한 번 떨어졌고 이번이 두 번째 도전이라는 말을 여러 번 하여 발표 전부터 불길한 예감을 주었다.

터키가 유치에 성공한 이유는 지난번에 한 표 차이로 떨어뜨린 이스탄불을 또다시 떨어뜨린다는 사실에 대한 위원들의 부담감과

세계 소아심장학회지 편집위원들과 함께, 시카고

온정주의가 가장 큰 이유라고 생각된다. 그 밖의 이유로는 유치위원장이 지난 5년간 세계학회를 돌아다니며 공격적인 로비를 펼친 탓이라고 짐작된다. 이에 반해 우리의 노력은 불과 1년에 불과해 로비 파워에서 역부족이었다.

또 다른 이유는 객관적인 평가 수치상으로는 서울이 우위였으나 투표권자 22명 중 대다수인 16명이 나이 많은 서양(유럽, 남·북아메리카)인들로 이들 대부분은 한국이 최근 많은 발전을 이루기는 한 것 같지만 그럼에도 불구하고 첫인상이 대단히 생소한 느낌의 나라라고 생각하는 것 같았다. 이에 반해 이스탄불은 누구나 가 보고 싶어 하는 매력적인 도시라는 선입견이 강했기 때문이라고 생각된다. 역시 국가 이미지는 하루아침에 좋아지는 것이 아님을 실감하였다.

그러나 결과적으로 보면 우리도 98%의 승리라고 볼 수 있고 그 이유는 처음 우리가 유치활동을 시작할 때에는 한국에 대해 거의 알지 못하였던 운영위원들이 최종 발표가 끝난 후에는 한국의 놀라운 발전상, 그리고 한국이 세계학회를 아무 문제 없이 잘 개최하리라는 확신을 갖게 되었다는 것이다. 대부분의 운영위원이 2021년은 우리 차례라는 말을 서슴지 않고 해준 사실만 보아도 이들의 마음에 큰 변화가 있었음을 알 수 있었다.

인간관계, 특히 외국인과의 관계 형성, 그리고 국가브랜드 향상은 단 시일 내에 이루어질 수 없으며 상호 신뢰를 바탕으로 절대 시간이 필요하다는 명백한 사실을 다시금 확인하였다. 이번에 많은 투자와 노력으로 어렵게 이루어 놓은 98%의 성취 위에 나머지 2%를 채우는 것은 전적으로 젊은 세대들의 몫으로 남게 되었다.

세계학회 개최의 필요성

대한소아과학회 회원을 상대로 최근 실시한 설문조사에 의하면 응답자의 56%가 "소아청소년과의 미래가 암울하다."라고 답한 것으로 드러났다. 출산율도 세계 최하위 수준으로 급격히 떨어지고

아시아태평양 소아심장학회 회의 주관, 호주

있고 게다가 산전 진단의 보급으로 선천성 심장병을 가지고 태어나는 아기들이 감소하는 경향을 보이고 있어 소아심장 전문의들의 미래도 그다지 밝지만은 않은 것 같다. 바로 이런 이유 때문에 세계학회유치를 반대하는 의견도 있었다. 전공하는 사람이 많지 않아 논문도 많지 않고 후원금 모으기도 어렵고 일할 사람도 부족하기 때문이라는 이유에서다. 그러나 나는 바로 이런 이유 때문에 세계학회를 우리나라에서 개최해야 한다고 주장한다. 환자가 줄어든다고 소아심장학이 사라져도 되는 학문이 결코 아니며 오히려 이를 평생업으로 생각하고 더 나은 진료와 연구를 위하여 고군분투하는 소아심장(외과 포함) 의사들의 사기 진작과 발전을 위해서도 세계학회 개최는 반드시 필요하다. 오히려 외부환경이 어려워질수록 모든 역량을 집중하여 개인이나 병원, 대학의 개별 업적을 넘어 다 함께 발전할 수 있는 국가 차원의 모델을 모색해야 하며 세계학회 개최는 이를 이루는 중요한 계기가 될 것이기 때문이다.

이렇게 단시일 내에 많은 나라를 돌아다니며, 그리고 현장 실사단을 안내하면서 얻은 결론은 국가브랜드의 중요성, 국가브랜드는 GNP와 비례하지 않는다는 사실, 국가 이미지가 실제보다 너무나도 저평가된 블루칩 국가는 한국이라는 사실, 국가브랜드 향상은 단시일 내에 이루어질 수 없다는 사실, 그리고 세계학회 개최가 국가브랜드 향상의 가장 효과적인 지름길이라는 사실을 확인하였다. 즉 백문이 불여일견이라고 한 명이라도 더 많은 외국인, 특히 선진국 사람들을 한국에 데려와서 직접 보여주는 것이 가장 효과적인 방법으로 특히 세계학회에 참석하는 분들은 각 분야의 전문가, 교수, 의사, 과학자, 정책입안자, 공무원, 정치가 등 사회 지도층인 경우가 대부분이므로 그 정치적, 사회적, 경제적 파급 효과는 실로 엄청나다고 할 수 있다.

이 밖에도 세계 학회 개최는 학문의 질 향상과 국내 학회의 국제적인 위상 강화, 나아가서 수천 명의 전문가가 방한함으로써 직·간접적으로 엄청난 경제적 이득을 가져다준다. 우리의 예를 보더라

아시아태평양 소아심장학회 환영사, 제주도

도 2008년에 제주도에서 개최한 아시아 태평양 소아심장학회에 참석자 대부분이 이번 세계학회 유치도 적극 지원해 주었다. 그리고 아·태 학회를 끝낸 후 우리나라 소아심장학회의 위상이 높아졌음을 피부로 느낄 수 있었던 것은 놀라움 그 자체였다. 이와 같이 한 번이라도 한국에 왔던 분들은 대개 우리의 친구로 만들 수 있다. 반면에 한국에 한 번도 온 적이 없는 분들에게 한국을 지원해 주기를 기대하는 것은 대단히 어렵다.

세계학회 유치에 성공하려면?

1) 일단 작은 국제학회부터 시작하는 것이 바람직하다. 우리의 경우 미리 전향적으로 계획한 것은 아니었지만 결국 점진적으로 국제사회와의 관계를 넓혀간 것이 큰 도움이 되었다. 일본 학회에서 먼저 제안해 한국, 중국, 일본 세 나라가 각자의 국내학회와 연계하여 세 나라만의 국제학회를 열자고 하여, 2005년부터 시작하여 지금까지 여섯 차례 한·중·일 학회를 개최하였다. 이를 통해서 학문 교류는 물론 중국, 일본 의사들과의 관계가 매우 돈독해졌다. 이와 거의 동시에 아시아 태평양 소아심장학회도 결성되었고, 2차 학회를 제주도에서 2008년에 개최하여 29개국에서 720명 이상이 참여하여 성공적으로 학회를 마쳤다. 그리고 이후 지금까지 세 번의 아·태 학회에 참가하면서 이번 세계학회 유치에 큰 도움과 지원을 받았다.

2) 가능하면 세계적으로 영향력 있는 또는 결정권을 가진 의사를 국내 학회에 초빙하는 전략을 미리 세워야 한다. 한국을 한 번이라도 다녀간 사람과 그렇지 않은 사람과는 한국에 대한 인식이 하늘과 땅의 차이이다. 그리고 한국에 한 번도 초청받지 못한 '자타가 공인하는 세계적인 대가'라는 사람들은 일단 한국에 대해 그다지 좋지 않은 감정을 가지고 있어 보이는데, 그 이유는 은근히 자신들이 한 번도 한국에 초대받지 못한 데 대한 불편한 감정 때문으

로 보인다.

이제 세계의 중심이 아시아로 이동 중이라는 분석도 있다. 경제학자들이나 사업가들, 즉 돈의 흐름에 민감한 사람들은 한국의 발전상을 비교적 정확히 알고 있다. 그러나 아직도 대단히 보수적인 의사들, 특히 북미나 유럽의 나이 많은 의사들(대개 이런 분들이 투표권이 있다)은 한국에 대하여 그다지 호감을 가지고 있지 않다. 이런 분들은 특히 한국이라고 하면 한국전쟁, 입양아, 북한 핵 같은 좋지 않은 일들만 떠올린다. 한국에 관한 좋은 일이라고는 김연아 정도이다. 국제사회에서 인맥을 쌓으려면 시간이 절대적으로 필요하다. 학회 회원 한 사람 한 사람이 평소에 이들과 지속적인 친분을 유지하는 노력을 게을리하지 말아야 한다.

3) 무모하다고 판단되더라도 일단 유치전에 뛰어들어야 한다. 그래야 언젠가는 개최를 할 가능성이 있으며 시도조차 하지 않으면 국제학회 개최는 영원히 불가능한 일이 될 것이다. 우리의 경우에도 이번에는 실패하였지만, 4년 후를 기약할 수 있게 된 것은 이번에 도전장을 내고 열심히 뛰었기 때문이고, 예선은 통과했기 때문이다.

4) SCI 논문을 많이 발표하여 국내 학회의 수준을 국제적으로 널리 알리는 것이 무엇보다 중요한 기본이다. 또한, 국제학회에서의 발표도 적극 노력해야 한다. 문턱이 너무 높은 학회가 어려우면 일

단 주변 국가들의 소규모 국제학회에서 초록을 발표하는 것도 좋은 시작이라고 할 수 있다. 또한, 국제학회에는 가능한 많은 한국의사가 참석하여야 하며 적극적으로 모든 행사에 참여하면서 인맥을 쌓아야 한다.

해외 학회에서 한국인들끼리 따로 모여 식사하는 것이 나무랄 일은 아니다. 그러나 다소 불편하고 소화가 좀 안 되더라도 주최 측의 소셜 이벤트(Social Event)에도 적극 참여하여 한국의사들의 존재를 널리 각인시키려는 노력이 필요하다. 학회장에 열심히 참석하여 공부는 열심히 하면서 정작 환영 만찬에서는 한국의사들이 하나도 보이지 않는 경우를 보면 참으로 안타깝다는 생각이 든다.

5) 국내 최고 수준의 진료현장을 보여주는 의미로 외국학자들과 중환자실 회진을 같이하는 것도 우리의 임상의학 수준을 알려줄 수 있는 절호의 기회이다.

우리의 경우 실사단과 함께 내가 근무하는 병원의 신생아 중환자실에서 회진을 함께하면서 각 증례에 대해 토의하였는데, 진료수준뿐 아니라 각 환자의 bedside에서 세계 최고 수준의 삼차원 CT, MRI 등 모든 영상을 곧바로 볼 수 있는 것을 보고 깊은 인상을 받았다고 하였다.

6) 작은 국제학회에도 의사들이 열심히 참가하는 것이 필요하다. 사실 초대형 미국학회나 세계학회보다 소규모 국제학회가 새로운

지식을 배우거나 인맥 쌓기에는 훨씬 유리한 측면이 있다. 특히 인도, 이집트 등 영어권 나라들의 국제학회에는 국제적으로 명성이 높은 초청 연사들도 많이 참여한다. 또한, 여러 이유로 독자적인 학회개최가 어려운 주변 나라의 의사들도 많이 참석한다. 따라서 이런 나라의 국제학회에 참여하는 것은 일거양득의 이점이 있으므로 적극 참여할 것을 권한다. 글로벌 시대에 그 나라의 GNP와 상관없이 세계 많은 나라 의사들과의 교류는 다음 세대의 미래를 위하여 중요한 자산이 될 것이다.

7) 유치에 성공하려면 학회 멤버들로 구성된 잘 짜여진 팀(PCO 국제회의 전문용역업체 포함)이 일사불란하게 움직이는 모습을 보여주어야 한다. 위원장 혼자 뛴다는 인상을 주는 것은 감점 요인이다. 가능한 모든 분야의 대표들이 함께 팀을 만들 필요가 있다.

8) 유치활동에 드는 비용을 겁내서 미리 포기하지 말기를 바란다. 나도 놀란 것은 우리나라 중앙정부(한국관광공사)와 지방정부(서울의 경우 Seoul convention bureau)에서 비교적 충분한 재정적 지원을 해준다는 점이다. 더욱 놀라운 점은 설사 유치에 실패해도 지원금은 약속대로 준다는 것이다. 게다가 실사단이 내한하면 이에 따른 추가 재정지원도 해주며, 또한 PPT 발표자료 교정, 개인영어 및 스피치 레슨까지 해준다는 점이다. 우리나라가 어느새 이렇게 좋은 나라가 되었나, 가슴 뿌듯한 경험이었다. 그러나 안타깝게도 이런 지원 정

책을 많은 의사가 모르고 있으므로 이 기회에 이를 알려드린다.

실사단 방한 시 알아두면 좋을 사항들

1) 반드시 시내 한복판, 특히 청계천, 광화문 길을 걷도록 해야 한다. 특히 밤에 걷게 하면 서울이 한밤중에도 얼마나 안전한지를 알릴 수 있다.

게다가 예쁘고 고급스러운 상점들과 카페들이 즐비한 밤거리를 생기 넘치고 세련된 한국의 젊은이들과 함께 걷다 보면 우리나라를 좋아하지 않을 수 없게 될 것이다.

2) 일정에 여유가 있으면 한강변이나 남산의 산책로를 걸어보는 것도 좋다.

3) 우리나라 전통공연을 보여주어야 한다. 그러나 급하다고 수준 미달의 공연을 보여주는 것은 바람직하지 않다. 외국인은 그 한 번의 공연을 보고 한국 전통문화의 수준을 결정해버린다. 그러므로 한 번을 보여주더라도 수준 높은 공연, 예를 들면 정동극장의 '미소' 뮤지컬 같은 공연을 보여줄 것을 권한다.

4) 용산에 위치한 국립중앙박물관(전문가에 의한 영어 안내가 압권이다-예약 필수)과 광화문 지하광장의 '세종이야기', '이순신이야기'는 필수코스이다. 그러나 휴전선이나 DMZ는 구태여 보여줄 필요가

없다. 그러지 않아도 한국의 안보상황에 대해 불안해 하는 외국인에게 우리가 먼저 나서서 이런 곳을 보여줄 이유는 전혀 없다.

5) 지하철을 반드시 타 보도록 해야 한다. 선지불카드를 이용하도록 하여 세계에서 가장 저렴한 가격과 편리함을 스스로 체험하도록 하고 스크린 도어를 직접 보도록 해야 한다. 토론토만 해도 예산 부족으로 스크린 도어를 전부 설치하지 못했다고 캐나다 교수가 부러워하는 말을 듣고 공연히 내가 우쭐해졌다. 그리고 지하철을 탈 때에는 역 벽에 설치된 전자 안내판(영어)을 시범해 보여주는 것도 필수이다.

이와 같이 세계학회 개최는 국가와 개인에게 유형, 무형의 큰 이득을 가져다주는 아주 중요한 일이다. 따라서 국가와 지방자치 단체는 앞으로도 이에 적극적인 지원을 지속해 주기 바라며 충분한 보상이 따를 것임을 의심치 않는다.

〈의협신문〉 2011년 1월 10일, 17일, 24일

아시나요?
우리가 얼마나 좋은 나라에 사는지

과거에 우리는 경치나 시설이 좋은 곳을 보면 "외국 같아."라는 말을 흔히 쓰곤 했다. 아마도 지금의 젊은 세대는 이런 표현을 쓰지 않을 것 같다. 그만큼 빠르게, 그러나 미처 깨닫지 못하는 사이 우리가 엄청난 발전을 이루었음이 틀림없다. 최근 조선일보에 "너나 애국하세요! 이상한 대한민국"이라는 제목의 독자 칼럼이 실렸다. 애국을 말하는 것이 쑥스럽고 잘못하면 수구골통이라는 오명까지 쓰게 되는 우리나라의 현실을 빗댄 글이었다. 나도 이 글을 쓰면서 조금은 멋쩍은 느낌이 들지만 그럼에도 불구하고 평범한 한 시민의 왜곡되지 않은 눈으로 보고 느낀 사실을 널리 알리는 일에 주저할 이유가 없다는 생각에 마음 가는 대로 이 글을 쓴다. 아마도 사심과 탐욕이 가득 찬 정치인들이 입만 벌리면 "국민을 위하여, 나라를 위하여"라는 말을 너무 남발하였기 때문에 이런 현상이 빚어진 것이 아닌가 생각된다.

나는 지난 일 년간 세계 여러 도시를 방문하면서 새삼 우리가 얼마나 좋은 나라에 살고 있는지, 그리고 이를 지키기 위하여 우리가 어떻게 해야 하는지 많은 생각을 하게 되었다. 또한, 세계학회 개최지 도시를 결정하기 위하여 한국을 방문한 실사단을 데리고 학회 회원들과 함께 서울 곳곳을 다니며 짧은 역사지식을 가지고 설명하면서 이것이 바로 애국하는 일이라는 생각을 하면서 가슴 뿌듯한 경험을 함께 나누었다. 이제 서울에서 자랑할 곳을 하나하나 짚어 보겠다.

남산, 한강, 청계천, 하천

일단 서울을 보면, 세계 어느 나라에도 이처럼 도심 한복판에 크고 깨끗한 물이 흐르고, 주변이 시민의 휴식처로 잘 정비된 강이 있고, 거기에 22개의 아름다운 다리가 놓여 있고, 그 바로 옆에 울창한 푸르름을 간직한 산이 자리 잡고 있는 도시는 없다. 특히, 서울 시내처럼 사방에 울창한 산이 도시 전체를 둘러싸고 있는 곳은 어디에도 없다. 게다가 청계천까지 가 본다면 그야말로 금상첨화이다. 각종 하천 정비사업 덕분에 내가 사는 송파구의 성내천은 불과

10년 전만 해도 물 없이 진흙 바닥을 흉물스럽게 드러냈으나 지금은 맑은 물이 흐르고 잉어들이 서식하고 있고 오리들이 떼지어 가족나들이를 하고 봄에는 수초가 꽃을 피우고 심지어 밤에는 수달도 나타난다는 미확인 소문도 있다. 이처럼 산, 강, 하천이 잘 어우러진 도시는 세계 어디에도 없다. 이러한 우리만의 자랑을 외국인들에게 보여주고 잘 설명해 주는 것은 우리 모두의 의무이다. 어릴 적 교과서에 우리나라 산천을 금수강산이라고 하는 말을 듣고 별 실감이 나지 않았으나 이제 보니 그 말이 정말 맞는 것 같다.

인천공항

우리는 별생각 없이 인천공항을 통해 해외로 나가고 들어온다. 인천공항이 세계 공항 평가에서 6년 연속 1위를 했다는 보도를 보고 가슴 뭉클할 사람은 아무도 없을 것이다. 그러나 세계학회를 유치하면서 이 사실이 아주 중요하다는 것을 알게 되었다. 다른 나라 공항을 이용하면서 여러 항목을 비교해 보면 엄청난 차이가 있다. 비행기가 활주로에 착륙한 후 공항 밖으로 나오는데 빠르면 30분밖에 안 걸리는 공항은 인천공항이 유일하다. 다른 나라 국제공항은 심하면 두어 시간씩 걸린다. 그리고 많은 연결 항공편, 쇼핑, 식사, 휴식, 다양한 문화체험, 화장실의 접근성, 승객의 동선, 그리고 공항에서 시내로 들어오는 대중교통편이 이렇게 좋은 공항은 없다. 국제공항에 대중교통수단이 아예 없는 경우도 많다. 이에는 선진국도 예외가 아니다.

깨끗한 공기

저개발국에 가면 시내 공기가 아주 나쁘다. 차들이 대부분 오래되었고 기름도 나쁘고 도로 증가속도에 비해 자동차 숫자 증가가 훨씬 빨라 교통체증이 심해 차들이 선 채로 까만 매연을 내뿜는다. 이런 매연에 속이 뒤집어지기 일쑤라 남의 눈치 볼 것 없이 손수건으로 코를 막아야 겨우 속이 진정되곤 하였다. 높은 곳에서 이런 도시를 내려다보면 하늘의 아주 높은 층은 파란색인 반면 낮은 공기층은 누런색과 회색이 섞인 탁한 매연 층이 시내를 뒤덮고 있는 것을 볼 수 있다. 한국의 하늘도 전에는 이와 비슷했으나 언제부터인가 공기가 깨끗해진 것을 보게 되었다.

세계 어느 나라를 보아도 60년 전 모습과 지금의 모습이 이렇게 크게 다른 나라는 한국이 유일하다. 뉴욕, 런던, 파리, 로마, 마드리드, 이스탄불 등 이런 유명 도시들은 60년 전의 모습과 지금의 모습이 약간은 달라졌겠지만, 기본적으로 역사와 예술작품을 신줏단지 모시듯 간직하고 이로부터 큰 관광수입을 챙기는 도시들로서 기본적으로 크게 변할 수 없다. 또한, 60년 전보다 오히려 지금의 상황이 더 좋지 않은 나라들도 많다. 그러나 이러한 나라들과 달리 근세기 일제 침략과 전쟁으로 철저하게 파괴되어 완전 무에서 지금의 눈부신 발전을 이룩한 나라는 대한민국밖에 없다.

이와 같이 우리의 좋아진 자연환경뿐 아니라 세계적으로 전무후무한 눈부신 발전상을 세계에 널리 알리는 것은 물론 정부의 책임도 있으나 더 중요하게는 우리 모두의 몫일 것이다. 이제 세계를 향하여 우리나라를 알리는 일에, 과거의 겸손함과 소극적인 태도를 과감히 떨쳐버리고 우리 모두 적극 큰 목소리로 나서야 할 때이다.

〈의협신문〉 2011년 1월 10일, 17일, 24일

한글을 적극 홍보해야 한다

단시일 내에 많은 나라를 돌아다니면서 내가 얻은 결론은 한글을 비롯하여 우리나라에 자랑할 것들이 참으로 많다는 사실, 그러나 우리 대부분이 이를 잘 깨닫지 못하고 있다는 사실, 그래서 이제부터라도 우리가 모두 이를 세계에 적극 홍보해야 하는 책임이 있다는 사실이다. 세계학회 개최지 평가를 위하여 내한한 세 분의 실사단 교수들을 모시고 경복궁을 관람한 후에 광화문 광장 가운데를 걸으면서 은행나무가 몽땅 사라진 것에 대하여 매우 속상했지만 그래도 지하 광장의 '세종이야기', '이순신 이야기'를 보고 그나마 상한 마음을 약간은 달랠 수 있었다. 외국 의사들이 한글에 깊은 관심을 보이고 그 우수성과 과학성을 이해하고 크게 칭찬하여 우리 모두 새삼스럽게 세종대왕이 고마웠고, 이 두 분 덕분에 어깨가 으쓱해지는 경험을 하면서 서울 시내 한복판에 이처럼 쉽게 접근할 수 있는 역사 홍보관이 만들어진 것은 참 다행이라고 생각되었다.

그런데 이번 실사단에게 학회 장소인 코엑스의 구석구석을 보여주면서 한 가지 놀라운 회의실을 보게 되었다. 이마도 세계 정상들이나 아주 중요한 분들이 모여 원탁회의를 하는 방인 모양인데 원탁 탁자들 앞으로 둥그렇게 깔린 카펫에 온통 한문만 있어 혼자 분노하였다. 이렇게 중요한 장소에는 한글을 보여주는 카펫을 까는 것이 상식 아니겠는가? 그러지 않아도 많은 외국인으로부터 "너희 나라에도 문자가 있냐, 아니면 중국의 한문을 쓰냐?"라는 질문을 흔히 받는데, 이런 질문을 받으면 분통이 터져서 한글에 대하여 한참 설명을 해주곤 하였다. 그런데 세계에서 가장 중요한 분들이 우리나라에 와서 회의하는 이런 중요한 장소에 한문 카펫을 깐다는 발상을 정말 이해할 수 없다. 아무튼, 하루빨리 이 카펫을 바꾸었으면 하는 것이 나의 바람이다

나는 이참에 외국인을 많이 상대하는 분들은 명함을 모두 한글로 제작할 것을 부탁 드린다. 나의 경우 명함을 모두 한글로 만들었더니 중국과 일본의사들은 내 이름을 한자로 써달라고 부탁하는 경우가 많아 아예 한글 이름 옆에 한문 이름을 추가한 것이 내 명함의 유일한 한자이다. 전에 어느 한국 사업가가 중국에 가서 온통 한문으로 만든 명함을 내밀었더니 중국말로 말을 걸었다고 한다. 중국

인이 아니라고 생각할 이유가 없었던 것이다. 이와 같이 한글이 전혀 없이 온통 영어와 한문으로만 만들어진 명함을 내미는 기업인, 정치인, 공무원들을 볼 때면 참지 못하고 지적하곤 했는데 대부분 반응이 신통치 않아서 답답했던 적이 많았다. 이런 한문 일색의 명함을 받는 외국인들이 '한국에는 고유 문자가 없구나,' '그래서 한국 사람들은 중국 글자를 쓰는구나!'라고 생각하는 것은 너무나 당연하다. 한글의 우수성을 자랑하며 크게 떠들지는 못할망정 왜 애써 감추려는지 이해할 수 없는 일이다.

최근 자기네 글자가 없어 어려움을 겪는 인도네시아 오지의 찌아찌아 족에게 우리나라의 한 민간단체에서 한글을 가르쳐주어 이제 한글이 그들의 공식문자로 채택되어 그들도 말을 문자로 표현할 수 있게 되어 매우 기뻐한다는 뉴스가 있었다. 내가 의료봉사를 가는 캄보디아 오지에서도 글자가 어려워 문맹률이 높다. 그래서 농촌에서는 자기 이름조차 쓰지 못하는 환자들이 많았다. 비약적인 발상이지만 이들에게도 한글을 가르치면 어떨까 하면서 혼자 상상의 날개를 펴본다.

〈의협신문〉 2011년 1월 10일, 17일, 24일

한류와 반한류

단시일 내에 많은 나라를 돌아다니면서 내가 얻은 또 하나의 결론은 이미 한류가 자리 잡은 나라들은 우리나라를 아주 좋아한다는 사실, 그리고 선진국에는 우리나라가 세계 어느 나라보다 가장 저평가된 '블루칩' 국가라는 사실을 확인하였다.

나는 지금의 세계 여러 나라를 우리나라 한류에 열광하는 나라와 이에 철저히 무심하거나 아니면 애써 무시하려는 나라, 이렇게 둘로 구분해서 달리 접근해야 한다고 생각한다. 이제 세계 어디를 가도 한국상품이 널려 있다. 웬만한 공항이나 호텔의 TV는 삼성 또는 LG 제품이고 많은 나라의 도로에서 한국산 자동차를 보는 것은 어렵지 않다. 어떤 나라에서는 도로 위의 자동차 세 대 내지 네 대 중 하나는 현대자동차이다. 한국 학원이나 음식점 광고판을 자랑스럽게 그대로 붙이고 다니는 봉고차나 버스를 보면 절로 웃음이 나온다. 이제는 동남아시아 많은 나라와 일본, 중국에서 도시나 시골 오지를 막론하고 TV에서 한국드라마와 한국 연예인 공연이 하루 종일 방영되고 있다. 인도 TV에서 류시원이 중국말 더빙으로 방영되는 걸 보고 있으면 어색해 보이지만 반가운 생각이 들고, 방콕 쇼핑 몰에서 대장금 의상을 입은 이영애가 피자 판을 들고 서 있는 가게 광고를 보면 역시 우스꽝스럽긴 하지만 저절로 미소를 띠게 된다. 큰 쇼핑몰에서는 어김없이 한국 연예인들의 광고가 제일 좋은 길목을 차지하고 있고, 일본 고급 백화점 식품 코너에 가면 많은 종류의 먹음직스러운 한국식 김치가 날개 돋친 듯 팔리고 있다. 한국 사람이라고 하면 한국에 가보고 싶다면서 한국드라마에 관한 여러 가지 말들을 하며 아주 우호적으로 반긴다.

이와 같은 동남아, 아시아 지역의 한류에 반해 소위 선진국에서는 한류 바람이 전혀 보이지 않는다. 오히려 반대로 미국 드라마나 영화에 등장하는 한국 관련 영상은 거의 모두 아주 어색하고 황당한 장면들이 많다. 이에 대해 최근 한 국회의원이 국감에서 "Lost", "CSI" 같은 미국드라마에서 한국관련 영상이 사실과 터무니없이 달라 한국을 심하게 왜곡하고 있다고 문제 제기를 하였다. 사실 '미드'에서 한국 관련 엉터리 영상의 원조는 오래전에 전 세계에 큰 인기리에 방영되었던 "MASH"이다. 이 드라마는 내가 미국에서 유학

하는 시기에 방영되었는데 출연하는 한국인이나 주변 장면들을 보면 매번 얼굴이 화끈거리고 분노가 치밀었던 기억이 난다. 출연하는 한국인은 거의 예외 없이 지저분하고 말도 안 통하고(당연한 일이지만) 서양사람들에게 무조건 굽실대는 비굴하고 모자란 사람으로 묘사되곤 하였다. 사실 그 당시에는 우리나라가 정말로 가난했기 때문에 그랬다고 해도 이제 경제규모가 세계 12위로 위상이 높아진 한국을 아직도 이런 식으로 왜곡하며 영화를 만든다는 것은 한국에 대한 큰 모욕이자 한국의 브랜드 가치를 심하게 훼손시키는 무책임한 행위이다. 이런 엉터리 영상물의 파급효과는 실로 엄청나지만 이를 바로잡는 일은 매우 어렵다. 수십 년간 지속하여온 잘못된 관행을 고치려면 말로 항의해야 소용없을 것이다. 한국 정부가 미드 제작진을 몽땅 한국으로 초청하여 지금 한국의 모습을 직접 보고 확인하도록 하는 방법 이외에는 해결책이 없을 것이다. 지금과 같이 엉터리 한국 관련 영상물이 전 세계에서 지속적으로 방영되도록 방치하는 것은 정부 관련 부서의 직무유기라고밖에 볼 수 없다. 문제 제기를 한 국회의원의 후속 조치가 궁금하다.

〈의협신문〉 2011년 1월 10일, 17일, 24일

국가브랜드 가치를 높이는 일

국내 거주 외국인들의 한국에 대한 평가를 보면 한국의 미래지향적이고 역동적인 측면이 국제사회에서 너무 과소평가되어 있다고 한다. 뉴욕타임스도 "한국인들은 한국이 세계 경제의 주역으로 떠오른 사실을 잘 모르는 것 같다."라고 하였다. 그러나 내가 보기에 정작 이런 사실을 모르는 사람들은 소위 선진국 사람들이다. 우리는 우리나라가 세계 경제 대국의 반열에 올랐다고 자랑스럽게 전하는 뉴스를 흔히 본다. 그러나 국가브랜드는 GNP와 비례하지 않는다는 사실을 선진국 사람들을 만나보면 금방 실감할 수 있다. 국가브랜드를 높여야 우리가 세계에서 제대로 대접을 받을 것이다. 물론 GNP를 높이는 노력은 기본이지만 국가브랜드 가치를 높이는 작업은 정부뿐 아니라 국민 각자의 노력도 꼭 필요하다.

우리는 이번 세계학회를 유치하려는 과정에서 이런 점을 절감하였다. 이번 현장실사를 온 세 분의 교수들(캐나다, 호주, 아르헨티나)도 바로 이 점을 지적하였다. 한국사람들은 너무 겸손하다고, 좀 더 한국을 널리 알릴 필요가 있다고. 이분들이 와서 한 첫 마디가 한국이 이렇게 많이 발전한 나라인지 몰랐다고, 너무나 놀랍다고 하였다. 이들이 한국에 대하여 이렇게 무지하다는 사실을 알고 우리도 놀랐다. 이틀 동안 시내를 본 후 이 중 한 분이 빈민촌은 어디 있느냐고 질문하여 또다시 우리를 놀라게 하였다. 이런저런 대화 도중 삼성과 LG가 한국기업이라고 했더니 세 분 모두 몰랐다고 하였다. 호주에서 오신 분은 자기 집 가전제품의 대부분이 LG 제품인데 한국산인 줄은 전혀 몰랐다고 놀라워했다. 이런 대화를 마치고 역사박물관 음식점 건물 밖으로 걸어나오니 길 건너 큰 빌딩이 마침 LG 건물로 마치 우리가 한 말을 입증이라도 해 주듯 "LG"라고 쓴 큰 네온사인이 하늘 높이 보여 우리 모두의 어깨가 으쓱했었다. 이제껏 외국에서 삼성과 LG가 한국 기업임을 일부러 홍보하지 않는다는 소문이 있었다. 그러나 이러한 세계적인 대기업들이 아직도 한국 기업이라는 사실을 일부러 숨긴다면 이는 부끄러운 일이다. 이제는 당당히 한국기업임을 떠들어야 할 시기가 되었다.

나는 아직도 기억한다. 오래전 1970년대 말 미국 유학 시절 한국에 자주 왔는데 그때마다 김포공항 입국심사 시 외국인에게는 입국

절차를 빨리 해주고 외국인 심사가 모두 끝난 다음 내국인 절차를 밟아주는 명백한 차별을 하였다. 그래도 우리는 그런 장면을 보고도 아무 불평 없이 당연하다고 생각해 왔다. 지금도 "외국인 탑승"이라는 표시판을 붙인 관광버스를 흔히 본다. 외국 어느 나라를 가도 그런 표시를 붙인 차를 본적이 없다.

우리는 너무 오래도록 외국인에게 무작정 잘해주고 우리나라에 와준 것만도 감사하다는 듯이 너무 겸손한 태도에 익숙해 있었다. 아마도 한국 전쟁 이후 외국 원조를 많이 받아서 그런 습관이 생긴 것 같다. 그런데 문제는 외국인에 대한 우대가 사실은 우리보다 잘사는 나라의 서양인에게만 그렇게 했다는 것이다. 우리보다 못사는 나라에서 온 외국인들은 노골적으로 멸시하고 차별하는 일들을 흔히 본다. 우리보다 잘사는 나라에 가서는 지나치게 겸손하고 주눅이 들고 우리보다 못사는 나라에 가서는 지나치게 잘난 척을 한다는 것이다. 강한 자에 약하고 약한 자에 강한 부끄러운 우리들의 자화상이다.

결론은 우리보다 잘사는 나라에 대해서는 좀 더 잘난 척을 해야 하고 우리보다 못사는 나라에 대해서는 좀 더 겸손해야 한다는 것이다. 국제사회에서 존경받는 한국과 한국인이 되기 위해서는 정부가 해야 할 일도 있지만 사실 더 중요한 부분은 우리 모두의 몫인 것이다.

〈의협신문〉 2011년 1월 10일, 17일, 24일

제10장

인구의 절반은 **여자**

아무도 거부할 수 없는 사회적인 변화에도, 출산, 육아, 가사, 가족부양, 노인부양 등의 모든 의무 조항들은 수백 년 전 과거와 비교해서 크게 달라지지 않고 고스란히 여자들의 몫으로 남아 있다. 그리고 이러한 극심한 괴리에서 터져 나온 문제가 바로 결혼 기피와 저출산이다.

– 박인숙 글 "저출산은 '여자들의 반란'" 중에서

저출산은
'여자들의 반란'

저출산으로 인한 인구감소와 급격한 고령화 사회의 도래에 따른 국가적인 대재앙을 우려하고 이에 대한 대책을 세워야 한다는 글이 매일 언론을 장식하고 있다. 그러나 급조해낸 각종 구호나 정책들에 정작 임신과 출산의 당사자들이 공감하고 설득당할 만한 것들은 별로 없어 보인다. 이 중 하나가 최근 대한가족보건복지협회와 한국모자보건학회가 만든 "1,2,3 운동"이다. "결혼 후 1년 이내에 임신해서, 2명의 자녀를, 30세 이전에 낳아 잘 기르자!"라는 캠페인이다. 이는 국가를 운영하는 분들에게는 매우 이상적인 해결책같이 보이나 사실 저출산의 근본 당사자인 젊은 부부들, 특히 여성들에 대한 이해가 매우 부족한 제안이어서 설득력과 효과가 극히 의심스럽다.

우선 여자들이 출산을 기피하는 이유, 나아가서는 결혼 자체도 그다지 중요하다고 느끼지 않는 이유는 여러 사회, 역사, 문화, 경제적인 원인이 복합된, 어찌 보면 과학과 생활수준 향상에 따른 필연적인 결과라고 생각된다. 저출산 문제는 우리나라뿐만 아니라 아시아의 '경제가 괜찮은' 다른 국가들도 마찬가지이다. 이에 한 가지 확실한 사실은 저출산 문제가 IT산업의 발달과 비례한다는 점이다. 이제 세계는 빠른 속도로 하나의 시장으로 집합되고 있으며 모든 정보를 모든 사람이 공유할 수 있게 되었다.

이러한 상황에서 세계에서 가장 높은 보급률을 자랑하는 우리나라의 초고속정보망과 세계적으로 유례를 찾기 힘들 정도로 빠르게 악화되고 있는 저출산문제가 무관하지 않아 보인다. 이런 맥락에서 나는 저출산 문제를 '여자들의 반란'이라고 생각한다.

과학과 IT의 발달로 과거에는 '남자'나 '가진 자'들만 점유하던 정보를 이제는 성별, 나이, 직업 등 어떠한 제한도 없이 모든 사람이 공평하게 가질 수 있게 되었다. 이에 따라 그동안 상대적으로 억압되었던 계층, 즉 '여자'와 '청소년'의 목소리가 커지게 되었고 동시에 이들의 자기 성취욕구가 급증하게 되었다. 특히 여자들의 사회 진출이 급증하고 있어서 각 대학의 수석졸업, 의대, 법대 입학시험, 사법시험, 기타 자격시험과 같이 오로지 실력과 능력만으로 평가되는 각종 시험에서 여자들의 약진이 두드러진 것은 어제오늘의 일이 아니다. 또한 과거 남자들만 가졌던 여러 직종으로도 여자들의 진출이 급증하고 있다.

이와 같은 아무도 거부할 수 없는 사회적인 변화에도 출산, 육아, 가사, 가족부양, 노인부양 등의 모든 의무 조항들은 수백 년 전 과거와 비교해서 크게 달라지지 않고 고스란히 여자들의 몫으로 남아 있다. 그리고 이러한 극심한 괴리에서 터져 나온 문제가 바로 결혼 기피와 저출산이다. 따라서 여자들에게만 저출산문제의 해결을 책임지게 해서는 안 되며 육아의 책임을 정부와 남자들이 같이 나눌 수 있는 제도만이 성공할 것이다.

그리고 이러한 정책을 만들 때에는 여자들 특히, 당사자들인 젊은 여성들의 목소리에 귀를 기울이고 정책수립 과정에 이들을 참여시켜야만 효과적인 정책이 나올 것이다.

저출산의 구체적인 이유를 열거해 보면, 결혼과 출산 및 육아로 인하여 직장을 그만두거나 각종 불이익을 당한다, 아이가 성장한 후에 직장으로의 복귀가 어렵다, 아이를 안심하고 맡길 곳이 없다, 교육비가 많이 든다 등이다. 이러한 현실에서 여자들이 자녀와 직장 둘 중 하나를 택해야 하는 어려운 상황으로 내몰리고 있다. 전업주부인 경우도 마찬가지여서 각종 교육 프로그램에 여자들의 참여가 넘쳐나는 것만 보아도 여자들의 자기 성취욕구가 얼마나 높은지 알 수 있다. 따라서 여자들이 자녀를 키우면서 동시에 자기 계발을 할 수 있는 정책들을 내놓지 않는다면 저출산 문제는 영원히 해결되지 않을 것이다.

저출산문제 해결에는 여러 방법을 동시에 총동원해야 하며 다음과 같은 구체적인 방안들을 제시한다. 즉 산후 휴가 3개월 준수, 육아 휴직제도 도입, 아이 아버지도 원하면 육아휴직을 가질 수 있도록 하는 방안, 휴직 도중 대체인력 투입, 아이가 아프거나 필요 시 육아 휴가를 부모 모두에게 부여, 직장의 보육시설 의무화 및 기존 시설의 확충, 육아 시설에 대한 정부보조, 육아시설에 대한 건축규제 완화, 생후 3~5년간 의료비 면제, 출산 장려금, 세금 혜택 강화 등 지속적인 재정 보조, 주택의 우선 분양, 파트타임 제도를 임시직뿐 아니라 전문직에도 도입 등이다. 이러한 정책에는 엄청난 예산이 필요할 것이다. 이런 점에서 한 가지 도움이 될 방안은 최근 급증하고 있는 '젊고 우수한 노인' 인력의 활용이다. 이러한 아까운 인재풀을 육아 및 어린이와 청소년 교육에 십분 활용한다면 저출산과 노인 문제를 동시에 해결하는 일석이조의 효과가 있을 것이다.

그러나 위의 여러 방안을 당장 실천에 옮기는 것은 매우 부담스러울 것이다. 그렇다고 하더라도 근시안적인 불이익이 두려워서 이를 지키지 않는다면 출산 기피현상을 막을 수 없다. 그리고 이러한 출산장려 정책들을 추진하는 데에는 여러 제도와 규정들을 바꾸어야 하며 열린 마음으로 융통성 있게 운영해야 한다. 한 예를 들면,

의대 졸업 후에는 노동의 개념보다는 교육의 연장이라는 개념으로서의 전공의 수련과정이 필수이다. 그러나 수련과정 도중 여자전공의가 임신했을 때 산후 휴가 3개월이 제대로 지켜지지 않고 있다. 총 수련기간을 반드시 지켜야 한다는 규정을 만들고 이를 엄격하게 적용하면서 동시에 전문의 시험제도 규정을 바꾼다면 당장은 다소의 혼란이 있더라고 장기적으로는 우수한 전공의 배출이라는 목적도 달성하고 저출산문제의 해결도 이룰 것이다. 현재 의과대학 입학생의 약 절반이 여학생인 의료계에서 특히 중요한 사안이다.

끝으로, 기왕에 만든 "1,2,3 운동"이라는 구호의 설명을 바꿀 것을 제안한다. 이제 하나의 거대한 시장으로 변한 세계에서 일등 국가만이 살아남을 것이지만, 과학이 아무리 발달하여도 인구가 적으면 절대로 일등 국가가 될 수 없다. 그래서 지금의 붕괴 직전의 가족제도를 다시 살려 두 명의 자녀와 함께 삼 대(같은 공간에서 살지 않더라도 정신적인 기둥으로서)가 어울려서 살아가는 가족이 될 것을 제안한다. 따라서 "1,2,3 운동"의 새로운 의미로서 "1등 국가를 향하여, 2명의 자녀와 함께, 3대가 같이 가자."를 제안하는 바이다.

〈한국일보〉 2005년 4월 12일

여자의 적은 여자?

나는 '여자의 적은 여자'라는 말(남자들이 만들어낸?)은 여자들을 폄하하는 아주 나쁜 말이라고 생각한다. 이 말은 아직도 가부장적인 사회분위기에서도 용기를 갖고 어려움을 헤쳐나가는 여자들의 사기를 저하시키는 아주 부정적인 말로서, 나는 여자들에게 어떠한 경우에도 이 말은 여자들 스스로 절대 입에 올려서는 안 되는 말이라고 강력히 주문하곤 하였다. 그런데 불행히도 이 말이 들어맞는 대단히 안타까운 상황들을 목격하면서 여자들의 인식의 전환을 촉구한다.

우선 두 가지 예를 들어보겠다.

첫째는 아기가 심장기형을 포함한 어떠한 종류의 선천성 기형이라도 가지고 태어났을 때 아기의 친할머니, 즉 아기엄마의 시어머니가 아기엄마인 며느리를 대하는 싸늘한 태도를 목격할 때면 안타까움을 넘어서 같은 여자로서 분노마저 느끼게 된다.

기대와 축복 속에 갓 태어난 아기에서 선천성 기형이 발견되어 수술이 필요하다는 말을 들었을 때 가족 모두 큰 충격을 받는 것은 당연하지만, 특히 산모가 받는 충격과 절망은 아기의 할머니나 다른 친척들이 받는 실망감과는 비교할 수 없이 클 것이다.

출산에 따르는 스트레스도 만만치 않은데 아기가 심장수술이 필요하다는 말을 듣고 산모가 깊이 절망하고 있는 상황에서 위로는 못 해줄망정 설상가상으로 기형의 원인을 제공했다는 터무니없는 오해로 인하여 산모가 시댁으로부터 원망과 비난을 받는다면 참으로 견디기 어려울 것이다. 심지어는 산모의 친정엄마까지 죄인 취급을 당하는 경우, 그리고 산모가 시어머니의 주장 때문에 반강제로 이혼을 당하는 경우도 목격하였다.

너무나 당연히 아기의 기형이 산모의 잘못이 아님에도 불구하고 모든 잘못을 산모에게 뒤집어 씌우는 것은 비과학적인 아주 잘못된 생각일 뿐 아니라 대단히 비윤리적인 처사이다. 아기의 부모를 중심으로 하여 시댁과 친정 가족 모두 합심하여 산모를 위로하고 산후조리과정을 돕고 아기의 쾌유를 위하여 최선을 다하는 가족을 보면 아기의 주치의로서 참으로 다행이라는 생각이 든다.

또 다른 안타까운 사연은 직장에서 일하는 엄마들의 아이들이 학교에서 '왕따'를 당하는 일이 드물지 않게 일어나고 있다는 사실이다. 전업주부 엄마들이 직장에 다니는 엄마와는 정보교환도 거부하고, 심한 경우 자기 아이가 엄마가 직장에 다니는 아이와는 함께 놀지도 못하게 한다고 호소하는 직장여성들을 심심치 않게 보고 있다. 또한, 학교에 다니는 아이를 둔 직장여성들이 남성위주의 회사 분위기에서 어렵게 승진의 사다리를 올라간 후 결국 아이 교육의 어려움 때문에 중도 하차하는 경우를 보면 참으로 안타깝다.

직장과 육아, 가사를 병행하면서 직장에서의 스트레스와 절대적으로 부족한 시간, 그리고 지친 몸으로 인해 아이와 함께 많은 시간을 보내지 못한다는 사실 때문에 애초부터 죄의식을 가지고 살아가고 있는 직장여성들이 실제 이런 일을 당하면 마음의 상처와 죄의식은 더욱 깊어지게 된다. 사회 모든 분야에서의 경쟁이 더욱 심해지면서 이런 문제들이 줄기는커녕 오히려 더 심하게, 그리고 더 빈번하게 일어나고 있다는 사실은 참으로 우려스럽다.

위 두 상황에서 보다시피 여자들이 어려움에 처한 여자들을 밀어주고 이끌어 주고 도와주지는 못할망정 오히려 여자들이 이들의 어려움을 더욱 가중시키는 이런 상황은 참으로 안타깝다. 적극적인 계몽과 사회의 인식변화, 그리고 우리나라 보육지원제도와 교육 시스템의 개선이 그 어느 때보다 더 절실하게 요구된다.

〈의사신문〉 2011년 12월 26일

제11장

끝나지 않은

성장통 이야기

일련의 사건 이후 약 일 년 동안 머리가 텅 빈 것 같았고 심리적으로 방황하였다. 나머지 여생을 어떻게 살 것인가? 이대로 주저앉아서 최소한의 의무만 하고 은퇴 후에 연금이나 받아먹으면서 살 것인가? 아니면 끝까지 싸울 것인가? 결국, 나 자신을 위하여, 그리고 나의 세 딸을 위하여 나는 후자를 택했다. 그렇다면 누구와, 어떻게, 무엇을 위해서 싸울 것인가? 이 점이 애매하였다.

– 박인숙 글 "나는 감사한다. 나를 둘러싼 모든 이들에게" 중에서

엘 시스테마 운동

베네수엘라 출신 젊은 지휘자 구스타보 두다멜에 관한 영화가 나왔다는 기사(13일자 A23면)를 보고 바쁜 일 다 접고 극장으로 향했다. 이 영화는 선각자 한 사람이 음악교육 운동을 통해 범죄에 노출돼 있던 이 나라의 극빈층 자녀들을 꿈과 희망을 가진 청소년으로 성장시킨 과정을 감동적으로 보여주고 있다.

35년 전 경제학자 겸 피아니스트였던 호세 안토니오 아브레우는 빈곤과 폭력, 마약에 빠져 있던 베네수엘라 청소년들을 도울 유일한 방법은 음악을 가르치는 것이라는 신념을 가지고 '엘 시스테마'(the system) 운동을 시작했다.

현재 71세인 그가 문화부 장관을 역임하면서 끈질기게 정부를 설득, 전국에 180개의 음악학교에서 35만 명의 청소년들이 오케스트라와 합창단의 일원으로 음악교육을 받고 있다. 이 중 가장 성공하여 약관에 세계적인 지휘자 반열에 오른 인물이 바로 두다멜이다. 그는 작년 28세의 나이에 세계 정상급인 미국 로스앤젤레스 필하모닉의 음악감독을 맡았다.

이제 우리 현실을 보자. 본의 아니게 지금의 의료제도로는 대부분의 의사가 사회를 고치는 대의(大醫)는 물론, 사람을 고치는 중의(中醫)가 되기도 어렵고 질병만 고치는 소의(小醫) 역할만 한다고 해도 과언이 아니다. 이런 면에서 많은 청소년의 마음의 병을 고쳐준 아브레우는 의사는 아니지만 '대의'라고 부를 만하다. 우리 주변에는 몸과 마음의 병이 깊어져 사춘기를 어렵게 지나는 청소년들이 적지 않다. 나는 이런 청소년들에게 오케스트라 또는 합창단을 만들어주면 좋겠다는 꿈을 가지고 있다. 미술, 문학 등 다른 장르의 예술을 가르쳐도 좋을 것이다. 이마저도 어려우면 각종 공연·전시 등을 접할 기회를 자주 만들어주는 것도 대안이겠다.

한 사람의 끈질긴 노력으로 베네수엘라에서 벌어지고 있는 음악교육 운동에 세계가 경이의 시선을 보내고 있다. 이미 효과가 입증돼 당장 우리 청소년들에게도 적용할 수 있는 일이다. 이 운동에는 소년소녀가장, 조손가정 아이, 가출 청소년, 극빈 가정 아이들, 탈북 청소년, 다문화가정 아이들, 장애아, 각종 범죄·폭력 피해 아동 등 사회와 이웃으로부터 마음의 상처를 받은 아이들도 포함하면 좋

선천성 심장병 환자와 가족을 위한 제1회 Home Coming Day–특강 & Gala Concert

을 것이다. 이들이 꿈을 가지고 건실하고 생산적인 사회의 일원이 될 수 있도록 돕는 방법은 예술교육이 가장 좋은 해답이다. 또한, 전문 예술인 다음으로 예술 활동에 관심 많은 아마추어 집단은 아마도 의사들일 것이다. 국가와 사회의 지원은 물론이고 많은 예술가, 의사 그리고 시민단체들이 이러한 예술 활동을 통한 청소년 지원에 앞장서길 기대한다.

〈조선일보〉 2010년 8월 19일

나는 감사한다,
나를 둘러싼 모든 이들에게

결론부터 말하자면 나는 참으로 운이 좋은 사람인 것 같다. 일생 큰 고난 없이 만사형통하게 의대입학, 좋은 사람과의 결혼, 미국의 우수한 대학병원에서 소아과와 소아심장학을 공부할 기회, 건강한 세 딸의 출생, 울산의대와 서울아산병원에서의 교수직 등등, 평생 모든 일이 순조롭게 풀린 셈이다. 특히 인생의 길목마다 행운의 여신이 인도해 준 우연의 연속의 결과 오늘 이 자리까지 오게 되었다. 그리고 이제 언급하게 될 일련의 시련에도 불구하고 내가 운이 좋다고 생각하는 것은 그다지 오래가지 못하는 기억력과 낙천적인 성격 탓인 것 같다. 따라서 이러한 두뇌와 성격을 주신 부모님과 하나님께 감사드린다.

운이 좋다고는 하지만 사실 나는 어릴 적부터 크고 작은 시련을 여러 번 경험하였다. 내가 중학교 3학년 때에 우리 엄마에게는 물론이고 딸 부잣집이었던 우리 모두에게 끔찍하게 소중했던 단 하나의 오빠를 잃었고, 내가 의대를 졸업한 1년 후에는 세 어린아이의 엄마이자 나이 차이가 많아 나에게는 엄마와도 같았던 큰언니를 잃는 아픔을 겪었으며, 엄마 잃은 어린 세 조카를 먼 미국 땅에서 속절없이 걱정만 하면서 지냈던 못난 이모로서의 가슴 아픈 기억들이 있다. 그러나 이보다 나에게 정말로 큰 시련은 최근 9년 내에 있었던 사건들이다. 이 때문에 지금의 내가 있다고 하면 너무 심한 비약일까? 모든 시련에는 하느님의 계획이 있다고 하는데 정말 그렇다는 생각이 든다.

9년 전 아이들 아빠의 어처구니없는 교통사고, 신에게 화를 내고, 그리고 실낱만큼이라도 이 사고와 연관이 있는 모든 인간에 대한 원망, 그러나 궁극적으로는 운명으로 받아들일 수밖에 없었던 사건, 나는 속수무책으로 단지 하늘만 원망할 수밖에 없었던 무기력한 상황이 너무나 슬프고 그래서 혼자서 모든 일에 분개하였다. 더욱이 남편을 잃은 슬픔을 간신히 추스를 만한 때에 일어난 연속적인 사건들, 즉 연구비와 관련된 그야말로 마른하늘에 날벼락과도 같은 타 의대 교수의 모함, 그리고 당연히 순서대로 했다면, 최소한 실력대로만 했더라도 내 차지로 왔어야 할, 한 개도 아니고 두 개의 중요한 직위가 나를 건너뛰었을 때의 억울함에 나는 거의 무너져 내렸다.

평생을 버텨온, 그리고 아이들 아빠를 잃은 후에도 나를 지탱해 주었던 힘은 바로 내가 우리나라 최고의 소아심장전문가라는 자존심 하나였다. 그러나 이것이 남들에 의해 뿌리째 뽑혀져 나가는 현실에 나는 가만히 잠자코 있을 수가 없었다. 운명이라고, 팔자라고 포기해 버릴 수 없는, 절대 용납할 수 없는, '사람이 만든' 사건이었다. 더 중요한 사실은 나의 세 아이에게 (특히, 모두 딸들이라서 내가 더 예민하게 반응했던 것 같다) 엄마가 자존심을 지키는 것이 결국 아이들의 자존심을 지켜주는 길이라고, 그래서 아이들을 위해서라도 내가 명예회복을 하는 것이 엄마의 도리라고 나는 굳게 믿었고 지금도 내 생각이 옳았다고 생각한다.

이 일련의 사건 이후 약 일 년 동안 머리가 텅 빈 것 같았고 심리적으로 방황하였다. 나머지 여생을 어떻게 살 것인가? 이대로 주저앉아서 최소한의 의무만 하고 은퇴 후에 연금이나 받아먹으면서 살 것인가? 아니면 끝까지 싸울 것인가? 결국, 나 자신을 위하여, 그리고 나의 세 딸을 위하여 나는 후자를 택했다. 그렇다면 누구와, 어떻게, 무엇을 위해서 싸울 것인가? 이 점이 애매하였다.

내가 속한 병원과 대학 조직은 가만히 있는 여자에게는 절대로 중요한 직위를 주지 않는다. 그렇다면 어떻게 할 것인가? 끊임없이 고민하던 중 어느 날 갑자기 이상한(?) 아이디어가 머리를 스쳐 지나갔는데 바로 의대 학장직이었다. 이 병원과 학교에서 유일하게 선거로 선출하는 자리가 바로 학장 자리였다. 처음에는 나도 고개를 가로저었다. 도저히 현실적으로 가망이 없다는 생각이 들었고 머리에서 이 망상을 지워버리려고 애를 썼다. 심지어는 내가 분통함에 머리가 약간 돌았나보다고까지 생각하였다. 그러나 이 생각은 머리에서 좀처럼 사라지지 않았고 계속 맴돌면서 나를 유혹했고 결국에는 "왜 나는 안 되냐?"라는 오기가 생기면서 구체적인 전략을 세우게 되었다.

처음에 주위의 여러 사람에게 자문을 구했으나 모두 "그만둬라, 잊어버려라, 괜한 망신을 사서 하려고 한다."라고 하면서 말렸다. 아니 말린 사람은 그래도 낫다. 내가 의논을 하려고 하면 아예 화제로 삼지도 않고 콧방귀만 뀐 사람들이 더 많았다. 단 한 사람, 고등학교 동창이자 의대 교수인 친구의 "이번이 아니면 평생 기회가 다시 오지 않을 것이다. 그리고 도전조차 해보지 않으면 평생 후회할 터이니 선거에 일단 나가보라. 그러나 결과에 대하여 연연해서는 안 된다."라는 충고를 듣고 더 이상 주저하지 않고 도전장을 내게 되었다.

이 결심 이후 받은 2003년 3월부터 8월까지 육 개월간의 안식년은 대학 졸업 후 나 개인을 위해서 가장 유용하게 보낸 시간이었다. 이 기간 동안 내가 여태껏 그렇게도 미워하였던 골프를 배웠고 피아노연습을 다시 시작하였다. 육 개월간의 안식년을 끝내고 병원 업무에 복귀한 후 2004년 1월의 선거까지의 4개월간은 내 평생 육체적으로 가장 힘들었던 시기였다. 매일 저녁 6시까지 진료와 일상 업무를 한 후 무조건 전화를 걸어서 연구실에 남아 있는 교수들을 직접 방으로 찾아가서 만났다. 하루 저녁 서너 명에서 많게는 9명까지도 만났다. 나중에는 목이 말라 주스 캔을 들고 다녔다. 한 개는 내가 마시고 한 개는 면담하는 교수에게 주었다. 저녁마다 주스 캔을 흰 가운 양옆 호주머니에 넣고 교수들 방을 찾아 뛰어다녔던 내 모습을 상상하면 지금도 혼자 웃음이 나고 얼굴이 화끈거린다. 어디서 그런 용기가 났었는지 내가 생각해도 희한한 일이다. 대개 저녁 9시경이면 면담을 접고 연구실로 돌아와서 여러 일을 정리하고 다시 병원 6층에 있는 도서열람실 구석의 피아노에서 연습(2003년 11월 제1회 아산합주단 공연 시 피아노 트리오 연주를 했음)을 마치고 밤 11~12시경에 퇴근하곤 하였다. 이때 집으로 가면 몸이 천근같이 느껴질 정도로 피곤하였으나 마음만은 날아갈 듯이 뿌듯하였다. 이 당시 만났던 많은 교수님과는 평생 간직할 소중한 인연이라고 생각하며 지금 생각해도 가슴이 뭉클해지곤 한다.

애초에 내가 선거에 나가기로 결정하면서 여러 교수에게 조언을 구했을 때 "조직을 만들어라", "유능한 참모를 여러 명 두어라." 등이었는데 아무리 생각해도 실천가능성이 없어 보였다. 평생 환자만 열심히 보고 일만 열심히 하였던 여교수에게 누가 자진해서 참모가 되고 조직원이 되겠다고 나서겠는가? 밥을 사준다고 나를 밀어줄 사람들도 아니고. 결국, 참모를 구하거나 조직을 만든다는 것은 애초부터 먹혀들어가지도 않을 허망한 전략이라 생각하고 잊어버리기로 하였다. 그래도 지성이면 감천이라는 생각이 들었고 또한 알고 보면 착하고 양심적인 사람들이 바로 의대 교수들인데 "한번 맨몸으로 일대일로 부딪쳐보자," "내가 수다 떠는 데에는 일가견이 있으니 무조건 만나서 사정을 이야기해보자."라는 순진한 생각을 가지고 여러 교수를 만나보았다. 그랬더니 대부분 마음을 열고 나와 대화를 해주었고 오히려 격려해주기까지 하였다. 이리하여 점차 고무되면서 더 많은 교수를 만나고 다니게 되자 "저 여자가 남들은 다 만나고 나는 왜 만나러 오지 않나?" 하면서 은근히 기다리는 교수들도 있었다고 한다. 사실 전화할 때마다 공교롭게도 방에 없었던 교수들은 선거 전에 끝내 만나지 못했는데 일부러 만나지 않은 걸로 오해한 교수들도 있었던 것 같다. 처음에는 나에게 우호적인 교수들만 만났으나 생각해보니 나에게 좋지 않은 선입견을 가진 교수라도 일단 직접 만나서 대화를 해보면 생각을 바꾸겠지, 아니면 적어도 내 욕은 하고 다니지 않겠지라는 배짱도 생겨서 나중에는 적군 아군 가릴 것 없이 모두를 만나려고 노력하였고 뒤돌아보아도 이러기를 정말 잘했다는 생각이 든다. '영원한 적도 없고, 영원한 아군도 없다.'라는 것은 정말 사실인 것 같았다. 결국, 총 440명의 울산의대 교수 중 약 320명을 만났다. 지금 생각해도 선거에서 한 표를 얻었다는 사실보다도 더 큰 수확은 그 많은 교수와 1:1로 앉아서 대화했다는 것이 너무나 보람된 일이었다는 사실이다. 가슴을 열고 진지한 대화를 해준 많은 교수님께 감사한다.

드디어 2004년 1월 4일 투표 날 뚜껑을 열고 보니 무려 61.7%의 압도적인 승리였다. 여태껏 울산의대 학장선거는 예외 없이 한두 표가 당락을 좌우했었는데 정말로 굉장한 득표율이었다고 모두 놀라워하였다. 어디선가 읽은 글에서 미국의 루스벨트 대통령 부인인 엘리너 여사가 했다는 말이 생각난다. "여자는 뜨거운 물에 빠진 티백(tea bag)과 같다."라는. 티백은 뜨거운 물에 빠져야 제맛이 나기 때문이라고 한다. 이 글을 읽고 혹시 내가 티백에 해당되는 경우가 아닌가 생각해 보았다. 뜨거운 물에 여러 번 빠져 보았으니까. 그리고 여자의 시련에 관해서 뜻은 비슷하지만 다른 표현으로 "여자는 강철 같다."라는 생각이 든다. 강철은 두들겨 맞을수록 더 강해지니까. 이런저런 생각을 해보다가 너무 오만한 생각인 것 같은 기분이 들어서 혼자 머리를 저어본다.

끝으로, 나는 정말로 감사해야 할 사람들이 많아서 이들에 관해서 꼭 언급해야겠다.

첫째, 나에게 여러 가지 시련을 주어서 도저히 거부할 수 없는 확실한 동기유발을 해준, 나를 핍박했던 모든 사람에게 진심으로 고맙다는 생각을 한다.

둘째, 열정만 앞서고 여러모로 부족한 나를 믿어주고 학장으로 선출해주어서 나에게 이러한 소중한 기회를 준 울산의대 교수님들에게 매우 고맙고, 그러므로 울산의대를 훌륭하게 만들어서 반드시 보답해야 한다는 책임감이 무겁게 느껴진다.

셋째, 아무리 힘들어도 내가 버틸 수 있는 힘의 원천이 되어준 나의 세 딸에게 고맙고 엄마로서의 임무를 십 분의 일도 못 해주어서 미안하게 생각한다.

넷째, 나에게 신체적인 건강과 그다지 뛰어나지는 않으나 이만큼 성취할 수 있을 정도의 두뇌를 주시고 키워주신 부모님에게 감사한다.

다섯째, 나 대신 세 딸에게 엄마 노릇을 해준 언니들에게 감사한다. 언니들의 조건 없는 희생 없이 나 혼자서는 절대로 의사와 교수 일을 마음 놓고 하지 못했을 것이다. 여자가 전문가로서 성공하는 필수조건이 여럿 있겠지만 그중 절대로 빼놓을 수 없는 것이 가족의 도움과 희생, 특히 육아에서의 도움은 필수라는 생각을 다시금 절감한다.

여섯째, 나에게 겸손함을 가르쳐준 소아심장 환자들과 그 부모들에게 감사한다. 내가 이들의 병을 고쳐주었다고 하기보다 오히려 내가 이들로부터 위로받고 겸손함을 배웠다고 생각한다. 이미 이 세상을 떠난 아이들, 그리고 지금 이 순간에도 육체적, 심적 고통을 겪고 있을 아이들은 항상 나의 기도제목이다. “나로 하여금 나 자신과 내 가족만을 위하여 기도하지 않게 해 주시옵소서”라는 글을 어디선가 읽은 적이 있다. 나같이 믿음이 얇은 사람도 이 말만은 참으로 가슴에 와서 꽂혔다. 그래서 자주 빠지기는 하지만 교회에서 기도할 때에는 고생하는 아이들의 이름을 기억하고 그들을 위해 기도하고자 노력한다. 내가 15년간의 미국생활을 접고 1989년 한국에 와서 서울아산병원에서 지금까지 16년 동안 계속 돌보는 환자 중에는 왕왕 부모 중 한 사람이 사망하거나 가출, 또는 이혼으로 인하여 편모나 편부 슬하, 또는 조부모가 키우는 아이들을 보게 되는데 혼자 남은 부모나 아이들을 보면 항상 가슴이 아려온다.

이 글을 쓰면서 지나온 시간을 정리하다 보니 감사할 사람들이 많은 걸 보면 나는 참으로 운이 좋은 사람인가 보다. 그래서 하나님께 감사한다.

『파워우먼 42인의 좌충우돌 성공기』, 대한민국 여성부, 2005년

의사들도 이제 좀 더 적극적으로 기부문화에 동참하자!

세월이 참으로 빨리도 날아간다. 5년 전 대통령 선거에서 투표했던 일이 엊그제 같은데 이제 며칠 후면 또다시 대통령 선거를 한다. 바쁜 일상에 쫓겨 거리에 다니지도 못하다 보니 자선냄비는 구경조차 못하지만 야속하게도 시간 맞춰 날아오는 (작년의 서너 배나 더 많은 액수의) 종부세 고지서와 연말정산 작성표를 보니 정말 한 해가 끝나감을 실감하게 된다.

올 연말은 유난히도 몇백억, 몇천억 같은, 보통사람으로서는 상상도 할 수 없는 천문학적 금액의 기부 소식이 신문을 장식하고 있다. 과거 연초면 어김없이 신문에 나곤 하던 '김밥 할머니'의 기부 같은 소시민의 가슴을 뭉클하게 하는 사연과는 차원이 다른, 엄청난 뉴스이다. 이런 기부는 물론 모든 사람이 매우 고마워해야 할,

본받아야 할 일임에 틀림없다. 그러나 왠지 '적은' 금액을 어렵사리 나눠 이런저런 단체에 기부하면서 살아가는, 수많은 보통사람을 주눅 들게 하는 측면이 있다는 점도 부인할 수 없다. 또한, 이런 거대한 기부에서 우리가 눈여겨보아야 할 점은 이 기부금이 언제 어떻게 쓰이는가 하는 것이다. 왜냐하면, 어떤 기부는 기부자의 사망 후에 집행되는, 즉 유언장뿐이기 때문이다.

당연한 말이지만 좋은 일, 꼭 해야 하는 일은 하루라도 미루지 말아야 한다. 돈을 필요한 곳에 기부하려면 지금, 건강하게 살아 있을 때 해야 한다. 이제 수명이 길어져서 많은 사람이 90세도 넘어서까지 살며, 앞으로 수명은 더욱 길어질 것이다. 따라서 기부를 하려면 오늘 당장 해야 한다. 지금 도움이 절실하게 필요한 사람은 기부자의 유언이 실행될 때까지 수십 년을 기다리지 못한다.

사람은 모두 예외 없이 알몸으로 태어나서 수의 하나 걸치고 얼마 후면 다시 자연으로 돌아간다. 유행가 가사지만 너무도 당연한 사실이다. 단지 많은 사람이 매일 일상에서 실감하지 못하고 있을 뿐이다. 죽은 다음 수백억, 수천억 기부가 본인에게 무슨 의미가 있겠는가? 물론 이도 안 하는 사람보다야 천 배 만 배 낫고, 특히 자식에게 한 푼이라도 더 남겨주려고 편법까지도 불사하는 일부 재벌들의 행태보다는 훨씬 나은 일이지만.

따라서 의사들의 기부 문화를 촉구하기 위하여 다음과 같은 제안을 하고자 한다. 즉 모든 의사가 자선단체, 또는 시민단체 한두 곳의 후원자가 되어 매달 단돈 만 원씩이라도 꾸준히 후원하자.

과거 의약분업 사태 등 의료관련 분쟁이 있을 때마다 의사 단체는 정부뿐 아니라 시민단체들로부터 많은 공격을 받았고 이들로 인하여 매우 불리한 입장이 되었다. 알려져 있다시피 일부 '시민단체'에는 진정한 의미의 '시민'이 없으며 정부 보조금으로 연명하면서 정부의 어용 기관으로 전락한 곳도 있다. 이제 의사들은 양심적이고 모범적으로 활동하는 시민단체를 발굴하거나 또는 새로 만들어서 적극 참여하고 지원함으로써 국민에게 현 의료제도의 모순점과 잘못된 정부정책을 올바로 알려야 한다. 의료계, 국민, 정부, 이 삼자 구도에서 국민을 우리 편으로 만들어서 의사들이 이들과 함께 고민하고 협조하여 해결책을 마련해야 한다. 지금과 같이 의사들이 일방적으로 정부로부터, 그리고 의료계를 이해하지 못하는 좌파성향의 시민단체로부터 공격과 견제의 대상으로 남는다면 의권 회복은 영원히 불가능할 것이고 이로 인한 피해는 결국 고스란히 국민에게 돌아갈 것이다.

이 밖에도 다양한 자선활동을 수행하는 많은 시민단체도 의사의 참여를 절실히 기다리고 있다. 여성문제, 환경문제, 도시빈민문제, 인권문제, 자살문제, 고아, 장애인, 미혼모, 이주여성, 탈북자, 학대받는 아동, 가출청소년, 소년소녀가장, 독거노인, 외국인

근로자, 노숙자, 산재 피해자 등 이들을 돕고자 하는 수많은 단체가 지금 후원자가 부족해서 원하는 사업을 마음껏 펼치기 어렵다고 한다. 물론 일반 국민도 참여해야 하지만 그래도 지도자급 위치에 있는 의사들이 앞장서서 이들을 도와 노블레스 오블리주(noblesse oblige)를 실천해야 한다. 그래야만 의사가 다시 존경받는 직업으로 거듭나고, 나아가서는 의권 회복에도 도움이 될 것이다.

우리나라는 이제 선진국 문턱을 성큼 넘었고 국민 소득도 2만 불이 넘었다. 이제는 사회의 모든 분야가 정말로 투명해져야 하며 이에는 건전하고 활발한 NGO 활동이 필수적이고 의사들이 앞장서서 이에 동참해야 한다. 재산이 많지 않다고 의기소침할 필요는 없다. 남을 돕는 일은 결국 자기 자신을 돕는 일로서 단순히 금전적인 도움을 주는 것으로 끝나는 일이 아니다. 오히려 몇 곱절 더 큰 기쁨과 보람으로 되돌아올 것이며 우리 모두의 미래를 밝혀주는 등불이 될 것이다. 새해에는 많은 의사가 전국은 물론 세계 곳곳에서 펼치는 가슴 따뜻하고 신나는 뉴스로 꽉 찬 한 해가 되기를 기원한다.

이미 많은 의사가 여러 단체에 후원하고 있으며 이런 분들에게는 이런 '잔소리' 같은 글에 대하여 미리 양해를 구한다.

〈의협신문〉 2007년 12월 20일

영화
〈인사이드 잡(Inside Job)〉

감독 찰스 퍼거슨 | 출연 맷 데이먼, 윌리엄 액크먼, 다니엘 엘퍼트, 조나단 엘퍼트

2008년 미국 Wall Street에서 시작된 세계적인 금융위기(재앙이라는 말이 더 맞는 듯)에 관한 다큐멘터리 영화로 이제 세계적으로 아주 유명하게 된 주요 관련자들(물론 인터뷰에 동의한 사람들만)을 인터뷰한 내용이다. 아마도 이 지구상에 이 금융위기로부터 크건 작건 영향을 받지 않은 사람은 거의 없을 정도로 그 위력이 컸고 지금도 진행형이다. 나부터도 아무 영문도 모른 채 피해를 입게 된 것에 대하여 매우 억울하다는 생각이 들지만 보통사람으로서 그 원인을 제대로 이해하는 것은 대단히 어렵다. 부패한 미국의 금융인들과 이들과 결탁한 정치인들과 학자들이 저지른 사상 초유의 세계적인 재앙으로 막연히 알고 있었다. 이런 상황에서 그 원인을 속 시원하게 설명해주는 다큐멘터리 영화가 상영된다고 하여 당장 극장에 달려가서

보니 그 역사적인 배경과 과정을 기대보다 훨씬 더 적나라하게 파헤친, 대단히 훌륭한 다큐 영화였다. 과연 올해 아카데미 다큐 부문상을 수상한 것이 당연해 보이며 나와 비슷한 답답함을 가진 모든 사람들에게 이 영화를 강력 추천한다. 비록 미국인들 때문에 촉발된 세계적인 재앙이지만 그래도 이런 영화를 만들 수 있는 미국인의 저력이 보인다.

이 영화는 MIT 대학에서 정치학 박사학위를 받고 기업 컨설턴트로 일했던 Charles Ferguson 감독이 금융위기의 원인을 재미있고 쉽게 설명해주는 최고의 명강의와 같다. 다만 이에 대한 해결방법이나 예방대책에 대한 제시가 미흡하고 결론적으로 거의 불가능에 가까워 보여 안타까움과 걱정이 남는다. 중요한 내용들을 단편적으로 간단히 요약해 보겠다.

- 옛날에는 은행들이 정부규제를 받으며 양심적으로 그리고 소규모로 운영하였으며 따라서 은행가들의 연봉이 많지 않았고 또한 고객들에게 위험도 거의 없었다. 그러나 냉전이 끝난 후 무기를 만들던 물리학자와 수학자들이 이제 할 일이 없어지니 이런 복잡한 금융상품들을 만들었고 탐욕스러운 CEO들과 정책입안자들의 이해관계가 맞아 떨어지면서 아무도 이해 못 할 정도로 복잡하며 엄청난 이익을 내지만 동시에 위험도 엄청 높

은 파생상품(derivative)들을 만들었고 이것이 이번 금융위기의 발단이었다. 이에는 금융규제를 풀어준 정부의 최악의 결정이 필수조건이었음은 물론이다.

- 투자의 귀재인 조지 소로스가 예를 들기 위하여 그림까지 그려 가면서 설명한 바에 의하면 큰 유조선에는 사고 시 피해를 최소한으로 줄이기 위하여 기름을 가두는 컨테이너를 칸막이를 이용하여 여러 개의 방으로 나눈다고 한다. 그는 이번 금융위기를 칸막이를 모두 없앤 큰 유조선이 침몰한 사고에 비유하면서 칸막이가 없기 때문에 그 피해가 엄청났다고 설명하였다.
- 엔지니어들은 다리 같은 걸 만들지만 이와 달리 금융설계사들은 꿈을 파는 직업으로 이들의 꿈이 잘못되면 혼자만의 피해가 아니라 이번 사고같이 수많은 사람들이 그 피해를 입게 된다.
- 프랑스 재무장관이었던 Christine Lagarde(칸 IMF 총재가 추락한 후 새로 선출된 IMF 총재)은 미국의 금융위기를 예감하면서 G7 경제장관 회의에서 미국 경제장관에게 “쓰나미가 오는데 무슨 수영복을 입을까 걱정하는 판국”이라며 경고하니 “괜찮다, 그런 일은 일어나지 않을 것이다.”라고 답하였다고 한다. 이와 같이 미국 정부 내의 경제장관이나 금융기관의 CEO 모두의 금융위기 직전의 인터뷰 장면을 보면 모두가 한 목소리로 문제가 없다고 주장하고 있다.

- 뇌의 PET를 이용한 한 연구에 의하면 사람이 도박을 할 때와 큰 돈을 벌었을 때 자극받는 뇌 부분이 똑같다고 한다. 즉 부패한 사람들의 돈에 대한 집착과 탐욕의 중독성이 왜 그리 강한지를 생물학적으로 설명하고 있다.
- 세계적으로 유명한 경제학자들(아이비리그, 주로 하버드대학 교수들)의 부패 또한 금융위기에 큰 기여를 하였다고 하는데 이들에게는 학자로서의 "conflict of Interest"라는 개념이 아예 없었던 것 같다. 금융위기가 없을 것이라는 엉터리 연구보고서를 내면서 연구비를 누가 얼마나 제공했는지를 밝히기를 끝내 거부하고 있다.
- 신용평가회사들이 금방 파산할 금융회사들의 신용등급을 AAA, 또는 AA의 최상급으로 발표한 바로 다음날 이 회사들이 파산선언을 했다. 이들의 신용등급을 평가하는 회사들의 도덕성이 바닥에 떨어져서 이제부터는 이들의 평가를 아무도 믿지 않을 것이다.
- 양심적인 젊은 여성관료 한 명이 잘못을 바로잡으려는 순간 엄청난 외부 압력이 들어와 더 이상 reform을 주장하지 못하게 된 사건도 소개되어 비록 아주 짧았지만 그나마 미국 정부 내에서 양심의 목소리를 냈던 사람은 여자 학자 한 명이었다는 것을 알 수 있다. 아마도 이분이 reform(규제)을 계속 주장했다면 개

인적으로 어떠한 불행한 일을 당했을지는 알 수 없으나 이 사건 이후 다시는 이분이 언급되지 않는 것으로 미루어 아마도 큰 좌절감에 조용히 입을 다물고 있었음이 틀림없다.

- 세계 뉴스에서 오랫동안 자주 이름이 오르내려서 대다수 일반인들에게도 이름이 아주 친숙하게 들리는 세계 경제계의 거물급들 거의 모두가 주범 내지 공범, 또는 방조자로 밝혀진 것은 놀라운 사실이다. 그리고 이런 거물들이 정부의 주요 요직, 대학교수나 총장, 정부감독기관, 은행이나 투자기관의 CEO 자리를 계속 넘나들면서(우리말 표현을 빌리자면 "회전문 인사") 영원히 막강한 영향력을 행사하고 있다고 한다. 아니 어찌 보면 이들 '불사조'들이 미국 정부를 아예 접수하지 않았나 하는 생각이 들 정도로 이 영화는 이들의 '영원한' 활약상을 보여주고 있다.
- 경제 주범들의 엄청난 부패, 사치, 마약, 매춘행위 등 상상을 초월하는 탐욕스런 생활상도 간간이 소개되어 딱딱하고 무거운 영화 분위기에 '양념' 역할을 하고 있다.
- 미국인들의 세금, 그리고 아무것도 모른 채 평화롭게 살던 아이슬란드 같은 나라 국민들의 세금, 그 밖의 전 세계 보통사람들의 세금과 투자금, 그리고 가장 심각한 것은 극빈층 사람들의 돈까지 미국의 몇몇 금융회사 임직원들의 천문학적인 연봉과 (금융위기 이후에도 계속 지급된) 터무니없이 많은 보너스를 지

급하는 데에, 그리고 극에 달하는 사치한 생활을 유지하는 데로 흘러 들어갔다는 사실은 참으로 분개할 일이다.

이와 같이 금융재앙의 원인을 설명하는 부분은 아주 훌륭하지만 그러나 결론은 참으로 우울하다. 영화의 결론을 요약하면 첫째, 이번 금융위기는 정부의 금융규제완화와 도덕적 해이 및 탐욕이 부른 예고된 사기범죄로 미국뿐 아니라, 전 세계 모든 사람들, 특히 가난한 사람들에게 더 큰 피해를 입힌 재앙이다. 둘째, 알 만한 사람들은 이런 위기가 올 것을 미리 다 알고 있었으나 부패한 정치인들과 학자들, 그리고 이들과 결탁한 탐욕스런 금융인들 때문에 예방하지 못했다. 미국 의회에서의 청문회에서도 주범이나 공범 모두 자기들은 아무 잘못이 없으며 단지 열심히 일하다 보니 결과가 그렇게 되었다는 엉뚱한 답변만 되풀이하면서 범죄 의식이 전혀 없고 결국 아무도 처벌받지 않았다. 셋째, 주범들이 잘못을 시인하지도 않았고 처벌 받지도 않았음은 물론 더 기가 막힌 것은 이들이 지금도 정, 관계, 대학의 여러 높은 자리로 이동하면서 여전히 막강한 파워를 휘두르고 있다는 점이다. 게다가 금융위기 이후에도 지속적으로 막대한 연봉과 보너스를 받고 있다는 사실이다. 다시 말하자면 금융위기 이후 달라진 것은 아무것도 없고 유일하게 달라진 점은 전 세계적으로 가난한 사람들이 이전보다 더욱더 가난해졌고 게다가 직업까지 잃어버렸다는 사실 이다.

지금 우리나라에서도 벌어지고 있는, 고구마 줄기같이 관련자들의 인맥이 계속 불거져 나오는, 끝이 어디인지 알 수 없는 부산저축은행 사건도 미국발 금융 위기와 어찌 보면 근본원인은 같다고 할 수 있다. 이러한 일련의 사건들을 보면서 미국이나 한국이나 마찬가지로 지금과 같은 제도 안에서는 정부가 국민을 끝까지 보호해 줄 것이라는 믿음이 이미 깨진 것으로 보인다. 그럼 이제부터 어떻게 해야 할 것인가? 불행히도 이에 대한 답을 이 영화는 제시하지 못하고 있다. 그래서 내 나름대로 내린 결론은 본인 개개인이, 그리고 진정으로 시민을 대표하는 제대로 된 시민단체들이 깨어 있어야 하고 열심히 공부해야 하고, 부패의 냄새가 나면 즉시 문제 제기를 하고 문제 해결에 적극 참여하면서 끝까지 집요하게 이를 파헤치려는 태도(persistence)가 유일한 해결방법이자 예방이라고 생각된다.

이해하기 어려우나 중요한 사회적 이슈들은 잘 만들어진 영화를 통해 국민을 계몽할 수 있음을 이 영화는 잘 보여주고 있다. 부언하면 뉴욕과 아이슬란드의 기막히게 아름다운 풍광을 최고 실력의 카메라맨이 비행기에서 내려다보고 찍은 훌륭한 영상은 무거운 내용을 이해하려고 머리에 쥐가 날 정도로 집중하고 있는 관객들의 눈을 짬짬이 즐겁게 해주었다. 뉴욕이 이렇게 아름다운지 전에는 미처 몰랐다. 필기를 해가면서 듣고 싶을 정도로 내용이 좋았으나 영어대사도 들어가며 한글자막도 읽다 보니 기억하고 싶은 내용들이 휙휙 지나가서 안타까웠다. DVD가 나오면 얼른 사서 내용 하나하나 곱씹으면서 다시 보고 싶은 경제학 교과서 같은 대단히 중요한, 꼭 누군가가 만들었어야 하는 다큐멘터리 영화이다. 이 영화를 만든 퍼거슨 감독에게 고맙다는 생각이 든다.

〈의사신문〉 2011년 6월 4일

박 인 숙 (朴仁淑, In-Sook Park, MD, FACC)
www.parkinsook.co.kr / www.parkinsook.com

제19대 국회의원(새누리당 서울 송파갑)

국회 교육과학기술위원회 위원
국회 윤리특별위원회 위원
국회 대법관인사청문회 특별위원회 위원

학력, 수련

1961~1967	경기여자 중고등학교
1967~1973	서울대학교 의과대학 의학과
1973~1974	서울대학교병원 인턴
1975~1978	소아과 resident, 미국 Houston, Baylor 의대 부속 Texas Children's Hospital Ben Taub General Hospital Jefferson Davis Hospital
1978~1982	소아심장 fellow, 미국 Houston, Baylor 의대 부속 Texas Children's Hospital Texas Heart Institute

경력

1982~1987	소아심장과 임상조교수, 미국 Houston, Baylor 의대 부속 Texas Children's Hospital Texas Heart Institute
1984. 4.	Consultant, Riyahd Military Hospital, Riyahd, Saudi Arabia
1989~2012	울산의대 서울아산병원 소아심장과 교수
2011~2012	울산의대 서울아산병원 선천성 심장병 센터장

2004～2006 울산의대 학장

2001～2011 보건복지부 선천성 기형 및 유전질환 유전체연구센터장

2006～2010 보건복지부 질병관리본부 희귀난치성질환 센터장

2009～2012 한국국제보건의료재단 이사

2010～ 대한민국 의학한림원 정회원

2008～2010 아시아 태평양 소아심장학회 회장

2009～2010 세계 소아심장학회 유치위원장

2004～ 대한선천성기형포럼 대표

2012～ 한국여자의사회 회장

2009～ 의료리더십포럼 대표

1980～ Fellow, American Academy of Pediatrics(FAAP)

1981～ Fellow, American College of Cardiology(FACC)

사회활동

2002～ 사회복지법인 중증장애인시설 (사)거제도 애광원 이사

2009～2010 한국간행물윤리위원회 제3 심의위원회 위원

2009～ (사)한국음악협회 명예이사

2009～ (사)몽골 바양노르솜 호수 복원사업 시민연대 공동대표

2007～2008 한나라당 중앙윤리위원회 위원

2009～2012 한국산업안전보건공단 이사

2011～2012 대통령소속 사회통합위원회 위원

수상

1980 Finalist, Young Investigator Award, American Academy of Pediatrics

2002 동아의료 저작상 (『선천성 심장병』)

2008 보령의료 봉사상

2008 의·약사 평론가상

2011 제11회 비추미 여성대상 별리상 수상